Herbert von Karajan
Dirigieren – das ist vollkommenes Glück
Gespräche mit Richard Osborne

W0073803

Karajan bei einer Probe mit dem Berliner Philharmonischen Orchester, 1955.

Herbert von Karajan

Dirigieren – das ist vollkommenes Glück

Gespräche mit Richard Osborne

Aus dem Englischen von Christine Mrowietz
Mit 34 Abbildungen

Piper
München Zürich

Die Originalausgabe erschien unter dem Titel »Conversations with Karajan – Edited with an Introduction by Richard Osborne« 1989 bei Oxford University Press, Oxford.

Die Gespräche zwischen Herbert von Karajan und Richard Osborne wurden in englischer Sprache geführt. Die deutsche Übersetzung konnte Herbert von Karajan nicht mehr vorgelegt werden, da sie erst im November 1989 abgeschlossen wurde.

ISBN 3-492-03392-x
© Richard Osborne 1989
Deutsche Ausgabe:
© R. Piper GmbH & Co. KG, München 1990
Gesetzt aus der Sabon-Antiqua
Gesamtherstellung: Clausen & Bosse, Leck
Printed in Germany

Inhalt

Vorwort

Herbert von Karajan starb am 16. Juli 1989 in seinem Haus in der Nähe von Salzburg. Sechs Wochen zuvor hatte ich dort zwei Tage mit ihm verbracht, um die vorliegenden Gespräche zum Abschluß zu bringen. Falls ihm sein Rücktritt als Chefdirigent (auf Lebenszeit) des Berliner Philharmonischen Orchesters im April 1989 insgeheim zu schaffen machte, so ließ er sich das zumindest nicht anmerken: Er gab sich gutgelaunt, setzte mir seine Gedanken auseinander und plauderte aus der Schule, auch über private Dinge. Er war ganz der alte; seit unserer ersten Begegnung 1977 hatte ich ihn oft so erlebt. Obwohl der Zeitpunkt dann doch überraschte, hatten alle, die Karajan nahestanden, den Rücktritt kommen sehen. Sein Terminplan letzten Winter führte einem die allzu großen Strapazen für den Einundachtzigjährigen vor Augen: Konzerte, Schallplattenaufnahmen, eine Europatournee mit dem Berliner Philharmonischen Orchester, seine erste Einspielung von Verdis *Maskenball* und im Februar eine New-York-Reise mit den Wiener Philharmonikern – nicht zu vergessen die vielen Stunden, die er seinem liebsten Kind widmete, dem CD-Video-Projekt. Er war schlichtweg überfordert.

Das Manuskript des vorliegenden Buchs hatte er mit dem Auge eines versierten Korrektors gelesen, dabei nur wenige Änderungen verlangt: in der Einleitung und in den Fußnoten gar keine, lediglich in den Gesprächen selbst

brachte er ein paar stilistische Verbesserungen an. Er redete ganz offen über seinen Abschied von Berlin, wollte
aber davon noch nichts zu Papier gebracht wissen. In seiner geduldigen Art wartete er lieber, bis er Abstand gewonnen hätte. Auf jeden Fall hatte er in den sechzig Jahren
seines Berufslebens zuviel von dieser Welt gesehen, um das
Zerwürfnis persönlich zu nehmen. Dennoch glaube ich,
daß ihn die Verschlechterung der Verhältnisse in großen
europäischen und amerikanischen Orchestern innerhalb
der letzten Jahre nachdenklich stimmte.

Die Gespräche beruhen auf Interviews und privaten Un-
terhaltungen, die ich mit Karajan zunächst im Mai und im
Dezember 1977, im wesentlichen aber bei drei Besuchen
zwischen März 1988 und Juni 1989 führte, alle in Salzburg und Berlin. In der Zeitschrift *Gramophone* veröffentlichte Auszüge aus den frühen Gesprächen fanden viel Resonanz. Der Vorschlag, sie fortzuführen und in Buchform
herauszugeben, kam von der Oxford University Press.
1978 wurde Karajan von der Universität Oxford die Eh-
rendoktorwürde verliehen; zum Dank gab er im Mai 1981
mit Mitgliedern des Berliner Philharmonischen Orchesters
ein Konzert im Sheldonian Theatre Oxford. Auf dem Programm standen Bachs *Brandenburgisches Konzert F-Dur
Nr. 2*, Mozarts *Violinkonzert G-Dur Nr. 3*, bei dem Anne-
Sophie Mutter als Solistin wirkte, und die *Metamorphosen* von Richard Strauss. Der Erlös ging an Stiftungen für
autistische und herzkranke Kinder sowie für neurologische
Forschungen. Karajan war begeistert von der »Oxforder
Idee«, wie er sie nannte, und versprach, auf das Buchpro-
jekt mehr Zeit und Aufmerksamkeit zu verwenden, wenn
die wichtigsten Filmarbeiten für die fünfundvierzig CD-
Videos seines Standardrepertoires unter Dach und Fach
wären – CD-Videos, die Sony Classical ab 1990 herausbringen wird. Und Karajan hielt, was er versprach.

Karajan war ein großer Dirigent, Meister seines Fachs; kein Mensch wird das bestreiten, weder die ihm ebenbürtigen Kollegen noch sein Publikum. Wenn nun eine Karriere nicht nur mit der Musik fest verwachsen ist, sondern auch vielfältige Berührungspunkte mit Wissenschaft und Technik, sogar mit Politik und westlichen wie östlichen Glaubensinhalten aufweist, erfordert ihre Darstellung große Sorgfalt. Irgendwann ist eine fundierte kritische Biographie fällig; die schwedische Historikerin Gisela Tamsen, eine Expertin für das deutsche Musikleben der Jahre 1918 bis 1945, hat bereits viele Jahre damit verbracht, Karajans frühe Laufbahn in Ulmer, Aachener, Berliner, Koblenzer und sonstigen Archiven zu erforschen – ein vielversprechender Anfang. Das vorliegende Buch ist keine kritische Biographie, sondern gibt zwanglose Gespräche über Musik wieder, aus denen man hoffentlich einen ungefähren Eindruck von Karajan bekommt, vom Privatmann und vom Musiker im vorgerückten Alter.

Gespräche über Musik schließen politische Themen nicht unbedingt aus; aber aus mehreren Gründen wollte ich Karajan gegenüber Zeitpunkt, Ort und Gründe seines Eintritts in die NSDAP nicht erneut zur Sprache bringen. 1986 war die Diskussion darüber mit Roger Vaughans *Biographischem Porträt* und Karajans knapper Gegendarstellung in seinem zusammen mit dem österreichischen Kritiker Franz Endler verfaßten *Lebensbericht* an einem toten Punkt angekommen. Karajan hatte immer beteuert, daß er 1935 der Partei beigetreten sei, um sich in Aachen die Stelle des Generalmusikdirektors zu sichern. Er machte keinen Hehl daraus, daß er sehr ehrgeizig war und nach der kurzen Periode der Arbeitslosigkeit, die auf seine Entlassung aus der Ulmer Oper folgte, fast verzweifelte. Er erging sich oft in Selbstanklagen und sprach dabei eine bilderreiche Sprache – »für die Stelle in Aachen wäre ich über

Leichen gegangen« –, um das Ausmaß seines Ehrgeizes und seiner Verzweiflung zu verdeutlichen. Doch leider wurde diesen seiner Meinung nach offenen Bekenntnissen schon 1957 die bald weitverbreitete Theorie entgegengesetzt, er habe sich der Partei nicht nur einmal aus rein formalen Gründen, sondern schon zweimal davor angeschlossen, und zwar in Salzburg und in Ulm 1933. Wie Gisela Tamsens Untersuchung endlich erschöpfend darstellen wird, beruhte diese allgemein vertretene Ansicht, es handle sich um wiederholte Parteibeitritte eines überzeugten Anhängers, mit an Sicherheit grenzender Wahrscheinlichkeit auf einer Fehldeutung des Beweismaterials. Vaughan beschreibt in seiner Biographie, wie Karajan angesichts der ihm vorgelegten Dokumente in Verlegenheit geriet. »Sie sind gefälscht«, war alles, was er dazu zu sagen hatte. Doch nicht das Beweismaterial, sondern die Art und Weise, wie man es auslegte, war falsch. Leider machte Karajan sich nie die Mühe, der Angelegenheit selbst auf den Grund zu gehen; erst als er wenige Wochen vor seinem Tod einige der Forschungsergebnisse Gisela Tamsens zu lesen bekam, erkannte er die Falle, in die er geraten war.

Nun zu den Fakten. Erstens: Obwohl Karajan im April 1933 in Salzburg in der damals noch nicht verbotenen Partei als Mitglied vorgesehen war, holte er seinen Mitgliedsausweis nicht ab, unterschrieb nicht und zahlte auch keinen Beitrag. Trotzdem wurde er unter der Mitgliedsnummer 1607525 in der Reichskartei geführt. Die Nummer taucht außerdem in zahlreichen Schreiben der Folgezeit auf. Zweitens: Er trat entgegen allem Anschein nicht am 1. Mai 1933 in die Partei ein. Die Mitgliedsnummer 3430914 ist viel zu hoch, als daß sie diesem Datum zugeordnet werden könnte. Die höchste Nummer vor der Einfrierung der Mitgliedschaft von Mai 1933 bis März 1937 war 3232698. In diesem Zeitabschnitt bekamen verschie-

dene Staatsbeamte, Diplomaten und andere Mitgliedskar-
ten, auf denen eine »Nachgereichte« (NG) Mitgliedschaft
bescheinigt war; diese waren in der Regel auf den Beginn
der Einfrierung zurückdatiert, den 1. Mai 1933. Auch
Karajan erwarb in Aachen die »Nachgereichte« Mitgliedschaft, und die Nummer paßt in eine Serie von Neuauf-
nahmen im Jahr 1935. Dieses Jahr hatte Karajan stets angegeben: damals sei ihm nahegelegt worden, der Partei
beizutreten.

Leider wurde immer wieder der Prima-facie-Beweis gegen ihn verwendet; mancher handelte sicherlich in gutem
Glauben, aber es waren auch destruktive Elemente am
Werk. Wie der Tenor Jon Vickers vor einigen Jahren fest-
stellte: »Wenn ein Mann so weit oben steht und ein so
hohes Niveau voraussetzt wie Karajan, wenn sein Einfluß
und seine geistigen und sonstigen Fähigkeiten so groß
sind, macht er sich zwangsläufig viele Feinde – das gehört
zu den traurigen Eigenschaften der menschlichen Natur.
Den Neid, dem dieser Mann ausgesetzt ist, finde ich er-
schreckend; denn er ist ein ganz, ganz großer Mann.«
Wahrscheinlich war es unvermeidlich, daß er als alter
Mann mit Nazi-Vergangenheit von Zeitgenossen, die ver-
ständlicherweise die Erinnerung an die Grauen des Holocaust wachhalten wollten, immer wieder angegriffen
wurde. Schließlich aber überschritten viele der gegen ihn
gerichteten Kampagnen jedes vernünftige Maß. Auch in
den Nachrufen in Presse, Funk und Fernsehen blieb er
nicht von falschen Anschuldigungen verschont. Im November brachte ein kalifornischer Sender für klassische
Musik vom National Public Radio ein einstündiges Porträt, in dem man so weit ging, Karajan mit dem Holocaust
in Verbindung zu bringen. Nach den Fakten zu urteilen,
auf die offensichtlich Bezug genommen wurde, hätte das
sogar plausibel sein können; aber auch hier wurden die

Tatsachen verdreht. Recht typisch war etwa folgende Fehldarstellung: »Karajan war auch kein Gelegenheits-Nazi. Als er dahinterkam, daß seine zweite Frau jüdischer Abstammung war, ließ er sich noch 1942 von ihr scheiden.« In Wirklichkeit *heiratete* Karajan Anita Gütermann, deren Großvater Jude war, am 22. Oktober 1942. Die Ehe wurde 1958 geschieden, unter anderem, weil Anita keine Kinder bekommen konnte; doch Karajan stand bis zu ihrem Tod vor ein paar Jahren in freundschaftlichem Verhältnis zu ihr. Mehr noch; zehn Tage nach seiner Heirat erklärte Karajan den Austritt aus der Partei. Die Folge war, daß er sich bis Kriegsende Arbeit verschaffen mußte, wo er nur konnte. Als Persona non grata bei Regierung beziehungsweise Partei hatte er keinerlei Aussicht auf eine feste Anstellung. Als Karl Böhm die Dresdner Oper verließ, wurde Karajans Bewerbung auf ausdrückliche Anordnung Hitlers abgelehnt.

Zu den Mythen, die sich um Karajan rankten, zählt auch, daß er mit Interviews geizte. Das ist frei erfunden. Die Sache verhält sich eher so, daß seine Interviewer mit wenigen Ausnahmen das Bild, das man in der Öffentlichkeit von ihm hatte, nachzeichneten und nicht gerade ein getreues Abbild des Musikers und Privatmanns wiedergaben. In der Einleitung spreche ich einige Problempunkte im Zusammenhang mit Karajans epochaler Karriere an und zeige, wie selbst kompetente und informierte Leute Karajan befragt und beschrieben haben, als wäre ihnen nur daran gelegen, vorgefaßte Meinungen zu verfestigen, und nicht daran, zu neuen Einsichten zu gelangen. Es ist wohl Ironie des Schicksals, daß einem großen Musiker in seinen Äußerungen bei weitem nicht die Aufmerksamkeit entgegengebracht wird, die ihm aufgrund seiner künstlerischen Verdienste zusteht. Karajan wußte das vielleicht von Anfang an; pragmatisch veranlagt, wappnete er sich mit Geduld. 1977 erzählte er mir, er plane ein Buch über Dirigenten und die Kunst des Dirigierens. Als ich sagte, daß ich nichts von dem Material dazu vorwegnehmen wolle, schüttelte er den Kopf: »Das macht gar nichts. Man kann die Dinge nicht oft genug wiederholen. Erst beim zwanzigsten Mal darf man damit rechnen, daß etwas hängenbleibt.«

Die Fähigkeit, auf lange Sicht zu planen – nicht nur für ein Konzert, sondern auch auf eine stets nach optimalen Bedingungen ausgerichtete Karriere hin –, war Karajans Stärke. Vielleicht ließ er sich deshalb manchmal schwer dazu bewegen, sich seine mehr als sechzig Jahre während Vergangenheit ins Gedächtnis zu rufen; dabei waren seine Erinnerungen an das europäische Musikleben seiner Zeit mit einem enzyklopädischen Wissen verknüpft. Dennoch will ich hoffen, daß sich in den Gesprächen Rück- und Vorausschau die Waage halten und daß das Buch einen interessanten Einblick in Karajans Auffassung von der Dirigierkunst gewährt. Karajan sprach seit seinem dreimonatigen Englandaufenthalt 1922 im Alter von vierzehn Jahren sehr gut englisch – »gewählt«, wie Walter Legge es ausdrückte. Wenn allerdings die Verständlichkeit oder der Stil verbessert werden konnte, so habe ich das auch getan.

Während der Vorbereitungsarbeiten zu diesem Buch fand ich Unterstützung besonders bei Uli Märkle von Telemondial, Lore Salzburger, Antje Henneking von der Deutschen Grammophon in Hamburg, Siegfried Lauterwasser, dem Verwalter des umfangreichen Karajan-Photoarchivs, und bei *Gramophone*, London. Angenehm erleichtert wurde mir die Arbeit nicht zuletzt durch die Gastfreundschaft und Hilfe, die mir Herbert und Eliette von Karajan in ihrem Haus erwiesen (nicht zu vergessen das freundliche Personal). Das schlichte Landhaus bei Salzburg kann man als Engländer nur mit Neid betrachten, so auch

Eliette von Karajans Garten, dessen einzige Exotika drei
Lamas waren und ein drolliger alter Esel, der einmal in
Carmen aufgetreten war. Ich empfand es stets als Wohltat,
mich mit Karajan fern vom Trubel seiner Arbeitswelt zu
unterhalten, in seinem malerisch gelegenen Bauernhaus –
inmitten einer weiten Wiese, umgeben von Hügeln und
Wäldern. Im oberen Stockwerk richtete Karajan gerade
eine Galerie für die Bilder seiner Frau ein, sonst jedoch
herrschte im ganzen Haus eine fast klösterliche Kargheit.
Im Juni standen längs der Wohnzimmerwände große Blu-
menstöcke auf dem blanken Holzboden. Der Blick über
das Wiesengelände auf die Abhänge des hoch aufragenden
Untersbergs ließ das Verlangen nach Glanz und Glorie gar
nicht erst aufkommen. Karajan konnte sich wahrscheinlich jeden Wunsch erfüllen, doch im täglichen Leben verlangte er sehr wenig.

Zu Karajan selbst: Oft schon wurde ich gefragt, wie
denn der persönliche Umgang mit ihm sei. Hier dürfte
sich mein Eindruck von den Erfahrungen anderer, die ihn
nicht nur aus der Zeitung kannten, kaum unterscheiden.
Ganze Scharen von Sängern und Instrumentalisten be-
kunden Hochachtung vor seiner Fürsorglichkeit, die sich
in seiner Anteilnahme an ihrem Werdegang ausdrückte,
weit mehr – das muß einmal gesagt werden – als das
kümmerliche Häuflein jener Musiker (meist Orchestermusiker), deren ressentimentbeladene Erinnerungen gelegentlich veröffentlicht werden. Vor einigen Jahren besuchte ein Kollege vom *Gramophone*, der Kritiker Robert Layton – die Autorität schlechthin für skandinavi-
sche Musik –, Karajan in Berlin, um sich mit ihm über
Sibelius zu unterhalten. Danach resümierte er: »Der vor-
herrschende Eindruck, den ich bei diesem Gespräch gewonnen habe, hebt sich merklich von seinem Image als
illustre Persönlichkeit mit Starallüren ab; er ist offen und

bescheiden und bleibt immer bei der Wahrheit, wie er sie sieht.« Wer wiederholt mit Karajan gesprochen hatte, begegnete ihm unweigerlich mit Respekt und Bewunderung und faßte schließlich eine große Zuneigung zu ihm. Er gehörte zu den bedeutendsten Gestalten unserer Zeit. Wenn diese Gespräche zum besseren Verständnis seiner Ideen und Leistungen beitragen, haben sie ihren Zweck erfüllt.

Dezember 1989   *Richard Osborne*

HANS SACHS:
Mein Freund! In holder Jugendzeit,
wenn uns von mächt'gen Trieben
zum sel'gen ersten Lieben
die Brust sich schwellet hoch und weit,
ein schönes Lied zu singen
mocht' vielen da gelingen:
der Lenz, der sang für sie.
Kam Sommer, Herbst und Winterzeit,
viel Not und Sorg' im Leben,
manch' ehlich Glück daneben,
Kindtauf', Geschäfte, Zwist und Streit:
denen's dann noch will gelingen
ein schönes Lied zu singen,
seht, Meister nennt man die!

Richard Wagner
Die Meistersinger von Nürnberg, III. Akt

Einleitung
Karajan – Profil eines Musikers

Da sich unser Jahrhundert seinem Ende zuneigt, erscheint die Biographie einer angesehenen Persönlichkeit, die sich über seine ganze Spanne erstreckt, in einem neuen Licht. Herbert von Karajan wäre wahrscheinlich in jedem Zeitalter ein Phänomen gewesen – eine musikalische Begabung dieses Rangs, hohe Intelligenz und derartige Zielstrebigkeit erregten von jeher Aufsehen –, doch im Kontext des 20. Jahrhunderts ist seine Laufbahn von besonderem Interesse, auch wenn das von manchen Sonntagsbiographen oder Journalisten, die sich berufen fühlten, sich über ihn auszulassen, nicht immer voll erkannt wurde.

Schon seit Nikisch weiß man, daß ein Stardirigent unter Umständen charismatischer wirkt als seine Musik. Das sollte uns nicht über Gebühr beunruhigen – man bedenke nur, was für ein aufregendes Ereignis der Auftritt eines großen Dirigenten sein kann. Nach Leonard Bernstein war jedes Kussewizki-Konzert eine Galavorstellung. Daran ist nichts Ehrenrühriges. Und es tut auch Karajans Ehre keinen Abbruch, daß er, der fast 40 Jahre lang nur Galavorstellungen gab, zudem etwa 100 Millionen Schallplatten verkaufte, seit er sich 1946 zum erstenmal ernsthaft mit Plattenaufnahmen beschäftigte. Man hat schon versucht, diesen Verkaufserfolg als reine Geschäftemacherei herabzuwürdigen. Robert Chesterman brachte bei einem CBC-Radiointerview mit Karajan derartiges zum Ausdruck. Doch so leicht, wie uns einige Kritiker glauben machen

wollen, ist das Musikpublikum nicht für dumm zu verkaufen. Zweifellos haben Karajans anerkannt professionelle
Musikpraxis und eine Vielzahl bahnbrechender Interpretationen von Werken seines breiten Repertoires den Erfolg
herbeigeführt.

Unglücklicherweise wurde Karajan gerade zu einer Zeit
auf einen Sockel gehoben und in unerreichbare Ferne gerückt, als im politischen Bereich jegliche Form von Autorität – das A und O des Dirigierens – in Verruf geraten war.
Das verleitete manchen Autor, ein von der Wahrheit weit
entferntes Bild von Karajan zu zeichnen, seine Ideale und
Ziele verzerrt darzustellen und von seiner eigentlichen Bedeutung abzulenken. Daraus resultierten völlig überzogene Aussagen zu seiner musikalischen Interpretation,
zum »Kult« des Perfektionismus, zur Beziehung zwischen
Musik und Technik, zwischen Musik und Politik und dergleichen mehr – allesamt wenig überzeugend, da sie jeder
Grundlage entbehren.

Die meisten Stellungnahmen zu Karajan sind in sich widersprüchlich und erweisen sich daher als unhaltbare Behauptungen. In seiner Eigenschaft als »Generalmusikdirektor von Europa« (in den fünfziger Jahren bekleidete
Karajan mehrere hohe Posten gleichzeitig in Wien, Berlin,
Salzburg, Mailand und London – das jedoch auffallend
kurz) war er der englischsprachigen Welt einigermaßen suspekt, weil hier prinzipiell jedem »Kulturpapst« und der
Vorstellung vom Dirigenten als »Übermenschen« ein gesundes Mißtrauen entgegengebracht wird. Der Karajan,
der klein anfängt, die Ulmer Bühne sauber wischt oder die
Instrumente in einem Handkarren in den Probensaal verfrachtet, gefiel den Engländern schon viel besser, nicht anders als Karajan mit dem starken Lebenswillen, der trotz
offensichtlicher Krankheit eine unvergleichlich durchgeistigte *1. Symphonie* von Brahms dirigiert, wie er es im

Herbst 1988 in London tat. Er erntete dafür frenetischen
Beifall. Hugh Maguire, ein Altmeister der englischen Or-
chesterszene und Bewunderer Karajans, meinte dazu: »Er
ist zu stark, zu mächtig und zu reich – und er schwimmt zu
sehr gegen den Strom. Leider habe ich nun schon seit 25
Jahren nichts mehr mit ihm zu tun.« [1] Maguire streicht den
»soziologischen« Aspekt heraus, aber mit dem »leider«
verrät er seine wahren Gefühle.

Die Unnahbarkeit des Mächtigen wurde wiederholt re-
gistriert. Als Christian Steiner 1982 seine vielberedete
Photoserie vorlegte, erzählte er von der Introvertiertheit
des Porträtierten. [2] Man darf dabei jedoch nicht übersehen, daß Karajans Beziehung zur Kamera von Haßliebe
bestimmt war; er reagierte allergisch auf ihr Eindringen in
den Konzertsaal und begegnete formellen Porträtaufnah-
men mit gemischten Gefühlen. Trotzdem strahlte er un-
leugbar eine kühle Distanziertheit aus, die auch auf seine
Musik überging und ihn zum idealen Interpreten von Sibelius und dem späten Mahler werden ließ. Andererseits
wird ihm jeder, der ihn näher kannte, Charme, Offenheit
und Bescheidenheit bescheinigen und vor allem eine amü-
sante zynische Ader. Letzteres soll deshalb betont werden,
weil man ihm gelegentlich Humorlosigkeit bei seiner
künstlerischen Arbeit vorwarf, ohne sich je die Mühe zu
machen, dieses Pauschalurteil beweiskräftig zu belegen.
Freilich glitt die Musik unter seinen Händen nie ins Tri-
viale ab, verunstaltete er ein Werk wie Verdis *Falstaff* nicht
mit aufgesetzten Späßen. Obwohl er die Idee von Decca zu
den Partyeinlagen in der *Fledermaus*-Einspielung von
1960 mit Begeisterung aufgriff, gab er die Operette keineswegs einer derben Komik preis. Immer wenn Karajan
eine Offenbach-Ouvertüre mit besonderer Verve dirigierte, mußte ich daran denken, daß Bismarck einer der
glühendsten Verehrer Offenbachs gewesen war. Doch weil

Karajan in die Interpretation heiter-komischer Musik
seine Persönlichkeit einbrachte, scheint überall ein gewisser Scharfsinn durch. Der schwarze Humor der Galgen-
szene in Verdis *Maskenball* ist sowohl verdianisch als
auch karajanisch; und obwohl Karajan die Kritikaster in
Strauss' *Heldenleben* oft netter darstellte, als sie wohl in
Wirklichkeit sind, soll ihm erst einmal jemand seine mit
boshafter Geschwätzigkeit vorgetragene *Tritsch-Tratsch-
Polka* mit dem Philharmonia Orchestra (auf einer der
letzten gemeinsamen Platten im September 1960) nach-
machen.

Daß Karajan meist sprühender Laune war und sowohl
über einen reichen Anekdotenschatz als auch über ein
parodistisches Talent verfügte, kann nicht über seine anderen Seiten hinwegtäuschen, die Steiner erblickt haben
will und die in Karajans langjährigen Freizeitbeschäfti-
gungen offenbar werden: Skifahren, Fliegen und Segeln.
Wir haben hier keinen reichen Playboy vor uns, sondern
einen Menschen, der sich seit seiner frühesten Kindheit in
Gesellschaft unwohl fühlte. Der Wunsch, die einsame Natur zu suchen – ein Wunsch, von dem Karajans älterer Bruder bis zur Exzentrizität beseelt war –, beherrschte auch
Karajan, eine leidenschaftslose Sehnsucht, alles Weltliche
hinter sich zu lassen. Karajan hätte wie Thomas Hardy
gesagt: »Die Ketten, in die der Geist gelegt ist, rasseln nicht
mehr, wenn weit und breit nur der freie Himmel in Sicht
ist.«

Schönberg sah in Mahler, im Schöpfer der 9. *Symphonie*, jemanden, der »sich in geistiger Kühle wohlfühlt«,
was Karajan als Mahler-Interpret sicherlich nachvollzie-
hen konnte. Kühle kennzeichnet auch seine schöne und
feinsinnige Aufführung von Puccinis *Madame Butterfly*
mit der Callas in der Mailänder Einspielung von 1955 und
seine Interpretation des *Prélude à l'après-midi d'un faune*

von Debussy, die nach den Worten des englischen Wagnerianers Reginald Goodall durch die magische Verwandlungskraft des Dirigenten den Eindruck von Feuer und Eis, schwüler Hitze und marmorner Kühle zugleich hervorzurufen vermag.

1956 veröffentlichte der französische Kritiker Bernard Gavoty eine Monographie über Karajan, die sich hauptsächlich mit Karajans Persönlichkeit und seinem musikalischen Können befaßte, zu einer Zeit, als man ihn zunehmend für einen eher vom Ehrgeiz als von der Musik besessenen »Superstar« hielt. In dem Essay wird beschrieben, wie Karajan bei den Internationalen Musikfestwochen Luzern Honeggers *Liturgische Symphonie* aufführt. Gavoty kannte Honegger persönlich und hatte mit ihm das im Winter 1945/46 komponierte Werk eingehend besprochen — »ein Drama in drei Akten«, »ein formloses Gebet, von einer gequälten Menschheit gestammelt«. Nach einer Beschreibung der *Symphonie* in bilderreicher Prosa kam Gavoty auf die Coda zu sprechen, eine Art »Dona nobis pacem«, und endlich auch auf Karajan:

»Tot ist die Stadt, die Trümmer rauchen, aber ein neuer Tag erwacht und ein unschuldiges Vöglein zwitschert fröhlich auf den Ruinen ... Die kleine Flöte lässt ihre Läufe erklingen: alles übrige schweigt, da alles gesagt ist.

An wen wende ich mich eigentlich? Nicht mehr an Sie, Herbert von Karajan, sondern an die namenlose Menge, die Honegger mit genialen Mitteln zur Besinnung ruft. Kehren wir wieder in den Alltag zurück und nehmen wir den Faden unsres kaum unterbrochenen Zwiegesprächs wieder auf. Denn diese furchtbare Erregung, die mich ergriff, ist nicht allein Honegger zuzuschreiben, sondern auch Ihnen, der sie heraufbeschwor.

Ohne einen ebenbürtigen Interpreten bleibt dem gröss-

ten Komponisten die Sprache versagt. Und gerade heute
abend waren Sie dieser ideale Interpret, der den völligen
geistigen Gehalt des Werkes auszuschöpfen verstand. Da
Sie Ihrem Wesen nach der Tragödie verhaftet sind, brauchten Sie keine Gefühle zu heucheln, die Sie nicht empfinden.
So erhoben Sie das Werk ins Übersinnliche, indem Sie die
Glut Ihrer Persönlichkeit in diese Musik übertrugen und
die ihr innewohnende Genialität überzeugend offenbar-
ten. Während Sie den Ablauf der Ereignisse überwachten,
gelang Ihnen ganz unbewusst, aus plötzlicher Eingebung
heraus, eine herrliche Geste, die mehr als jede lange Ana-
lyse aussagt. Als das ganze Orchester im *Finale* das in drei
Metren aufgeteilte ›Do-na-no-bis-pa-cem‹ anstimmte,
ballten Sie die Linke zur Faust, als trügen Sie die Fackel
zum Scheiterhaufen. Und das Orchester fing Feuer. Von
meinem Platze aus sah ich Sie im Profil. Während Sie mir
vordem wie eine *Primadonna* erschienen, die durch ihr
Gehaben den Erfolg auf sich zu lenken sucht, hatte ich nun
die Gewissheit, dass Sie wie im Trancezustand handelten.
Sie waren im wahrsten Sinne des Wortes ein Medium, das
den geheimnisvollen Faden zwischen Werk und Zuhörer zu
spinnen verstand. Einen Augenblick lang sah ich Sie, auf
den Fussspitzen stehend, das Orchester überragen, verklärt
wie ein Eroberer. Feurige Glut hatte Sie fast verzehrt, in
diesem Augenblicke waren Sie wahrhaft erleuchtet...
   So fiel plötzlich der Schleier, der mich bis dahin verhin-
dert hatte, Sie so zu sehen, wie Sie wirklich sind. Was ich
bei Ihnen als geziert empfand, war nichts anderes als Konzentration. Ihr geistiger Anteil beim Dirigieren war so
gross, dass Sie keine Kraft mehr hatten, Ihre äusseren Ge-
sten zu überwachen. Unnatürlich erschienen Sie nur in
dem Masse, als Sie nicht die gebräuchlichen Kunstgriffe
verwandten, die gewissermassen eine falsche Einfachheit
vortäuschen sollen.«[3]

Seine Identifikation mit der *Liturgischen Symphonie* Honeggers und den zeitlich näheren *Metamorphosen* von Strauss, die er erstmals 1947 einspielte, führt uns auf dem Umweg über die Musik zu Karajans eigentlichen Neigungen. Das sollten sich all jene vor Augen halten, die so unbeirrbar Informationen – nicht selten Fehlinformationen – über seine angeblichen politischen Sympathien vor und während des Zweiten Weltkriegs verbreiten.

Karajan konnte die Nazipolitik im deutschen Musikleben aus nächster Nähe beobachten, weil er 1937/38 unglücklicherweise zum potentiellen Rivalen des politisch querköpfigen Furtwängler geworden war. Im historischen Umfeld gesehen, war Karajan, was seine Karriere betraf, zwischen 1929 und 1949 – wie jeder andere auch – traumatischen Erschütterungen, Zerrissenheit und den Unwägbarkeiten dieser Zeit ausgesetzt. Angesichts der gegen ihn gerichteten Propaganda der Nachkriegszeit könnte man meinen, Karajan hätte in jenem grauenvollen Drama eine führende Rolle gespielt. In Wirklichkeit agierte er eher als Marionette denn als Schauspieler, zappelte sich ab und fand trotzdem keinen Boden unter den Füßen. 1934 wurde er aus dem Ulmer Stadttheater hinausgeworfen, weil sein Talent den Rahmen sprengte; in Aachen hielt er sich auch nur bis 1942. Nach dem Krieg verzögerten die von den Alliierten eingeleiteten Untersuchungsverfahren sein Vorwärtskommen, und in Berlin, Wien und Salzburg ließ ihm Furtwängler Steine in den Weg legen. Walter Legge bemerkte einmal, Karajan sei an Politik nicht besonders interessiert gewesen, sofern es nicht um ihre musikalische Spielart ging – darin sollte er allerdings ein wahrer Meister werden. Doch das ist nur die halbe Wahrheit. Trotz Karajans kometenhaften Aufstiegs in einflußreiche Positionen nach Furtwänglers Tod 1954 und Böhms Entlassung in Wien kurz darauf war Karajans vordringliches Ziel nicht

Macht, sondern Unabhängigkeit: daher der Vertrag auf
Lebenszeit mit dem Berliner Philharmonischen Orchester,
daher die Gründung der Salzburger Osterfestspiele 1967,
deren Organisation und Finanzierung er gekonnt in die
Wege leitete, nachdem er sich in Salzburg wieder Geltung
verschafft und an der Wiener Staatsoper acht Jahre lang
das Zepter geschwungen hatte. Kulturpolitiker, die sich
ihm entgegenstellten, schaltete er für die Zeit, die er zur
Durchführung des Projekts brauchte, durch geschicktes
Taktieren aus; dann wieder – so in Wien 1964, in Berlin
1989 – sprang er kurz entschlossen ab, um sich für neue
Taten zu rüsten.

Karajan war sich selbst immer im klaren darüber, welches Ziel er anstrebte. Als er sich im Winter 1945/46 in die
Berge zurückzog, schrieb er an einen amerikanischen Kul-
turoffizier, mit dem er sich später eng befreunden sollte:

»Ihr Brief war eine große Freude für mich, die Botschaft
eines Menschen, der an seine Aufgaben mit der gleichen
Ernsthaftigkeit herangeht wie ich selbst und der deshalb
genauso sehr unter dem Irrsinn unserer Zeit gelitten hat.
[...]
Anfang dieses Jahres entschloß ich mich hier oben zu
einem Leben der Ruhe, des konzentrierten Studiums, der
Meditation, und habe dabei in der Weite und Einsamkeit
der Berge wieder zu mir gefunden. Ich fühle mich innerlich
und äußerlich ausgezeichnet; es war die schöpferischste
Periode seit langem, und eines Tages werde ich meine gesunden Nerven mehr denn je benötigen.
[...] meine eigenen Pläne hängen noch immer völlig in
der Luft bis auf die Tatsache, daß ich sicherlich meine Arbeit wieder aufnehmen werde, wenn die neue Saison her-
ankommt – und dann werde ich einfach dort musizieren,
wo immer mir die besten Bedingungen geboten werden.«[4]

Später schuf er sich solche Bedingungen selbst, wenn sie ihm nicht geboten wurden.

Bei alledem ist es verwunderlich, daß viele einflußreiche Autoren ihrer Phantasie die Zügel schießen lassen, wenn sie ihren imaginären Herbert von Karajan präsentieren — heraus kommt dabei meist ein Abklatsch des Frankenstein-Monsters. Zum Glück ist Karajans Schaffen gut genug auf Schallplatte dokumentiert — sei es offiziell oder inoffiziell —, daß man wenigstens überprüfen kann, ob seine Interpretationen mit den exaltierten Beschreibungen, die wir von ihnen haben, übereinstimmen. Freilich stellt sich hier wie bei vielen strittigen Punkten in Karajans Arbeit die generelle Frage, ob wir etwas wirklich Vorhandenes hören oder etwas, was wir uns nur einbilden. Karajan wäre nicht als erster Dirigent davon betroffen. Jahrelang war man sich einig, Toscanini habe in seiner »schwärmerischen« Art maßlos schnell dirigiert, obwohl es eine unumstößliche Tatsache ist, daß sein Bayreuther *Parsifal* der langsamste in der Geschichte des Musiktheaters war und daß sich sein berühmter *Falstaff*, ganz zu schweigen von vielen seiner Mozart- und Brahms-Dirigate, durch ein ungewöhnlich breites Metrum auszeichnete. Und als Furtwängler in England und Amerika in Ungnade gefallen war, bekam man zu hören, er habe kaum zwei Takte hintereinander im gleichen Tempo zustande gebracht. In Karajans Fall ist neben den oben angedeuteten Propagandaphantasien der Mythos seines atemberaubend schönen Orchesterklangs verbreitet. Nachdem die Deutsche Grammophon Karajans Einspielungen von 1938–43 in Berlin, Amsterdam und Turin im Jahr 1988 auf CD neu herausgebracht hatte, veröffentlichte die *New York Times* einen Artikel über das Musikleben in Deutschland während des Kriegs, der mit der Behauptung endete, in Karajans Aufnahmen aus jener Zeit

fände man keinen einzigen Hinweis auf seine innere Anteilnahme.[5] Als Knalleffekt zum Abschluß eines abstoßend tendenziösen Artikels verfehlte diese Aussage ihre
Wirkung sicher nicht – als kritisches beziehungsweise
psychologisches Urteil ist sie wertlos, weil schwer einzuse-
hen ist, wie ein Dirigent sein Innerstes bloßlegen soll, wenn
er die Ouvertüre zur *Fledermaus* oder Beethovens 7. *Symphonie* spielt. Hätte er vielleicht alles in Moll transponie-
ren oder halb so schnell spielen sollen? Alle Anzeichen
sprechen dafür, daß Karajan den Zeitgeist genau erfaßt
hatte; wir wollen unser Urteil aber nicht auf das Sammel-
surium von Einspielungen stützen, die er Anfang der vierziger Jahre machen durfte, sondern auf die Werke, für die
er sich 1947 in Wien bei Legge entschied: Strauss' *Metamorphosen* – die Einspielung ist von einer Dichte, die bis
zum heutigen Tag ihresgleichen sucht – und Brahms'
Deutsches Requiem, in einer Interpretation (angeblich
eine der Lieblingsplatten Toscaninis), deren Schonungs-
losigkeit die Schmerzgrenze erreicht.

Karajans Rückkehr in Konzertsaal und Schallplatten-
studio 1946/47 wurde erst durch das Eingreifen Legges
und des Italieners Victor De Sabata ermöglicht, letzterer
ebenfalls ein ganz der Musik ergebener großer Dirigent,
den allerdings die öffentliche Meinung nach 1945 zu
Recht unbehelligt gelassen hatte, trotz seiner umfangreichen Tätigkeit während des Kriegs sowohl in Italien als
auch in Deutschland vor einer Zuhörerschaft jeder Cou-
leur. Karajans erster nennenswerter Erfolg war die Einspielung von Beethovens 8. *Symphonie* 1946 mit den Wiener Philharmonikern. Da er in England damals noch kaum
bekannt war, wurde er in der Plattenbesprechung der *Gramophone*-Ausgabe vom März 1947 mit keiner Silbe erwähnt – somit stand darin auch nichts von Sporenklirren,
Hackenzusammenschlagen und dergleichen Dingen mehr.

Im Gegenteil: Die Interpretation wird für ihre »Wärme«, ihre »hohe Musikalität« und den Sinn für Beethovens Spannkraft und Humor gelobt.[6]

Ende der vierziger Jahre trat Karajan als ein Musiker auf, der einerseits Vorurteile wachrief, andererseits mit ihnen aufräumte. Eine weitere *Gramophone*-Kritik fand seine Wiener Einspielung von Beethovens 5. *Symphonie* abstoßend in ihrer Ruppigkeit; sie stand angeblich in auffallendem Gegensatz zur Aufführung derselben Symphonie bei seinem Debüt mit dem Philharmonia Orchestra im April 1948, die der Rezensent wegen der Herausarbeitung der musikalischen Struktur und der starken Expressivität noch in guter Erinnerung hatte.

Einige der Besprechungen von Karajans ersten Einspielungen mit dem Philharmonia Orchestra wurden von Andrew Porter verfaßt. Porter ist ein ausgezeichneter Kritiker, den sowohl die Anti-Karajan-Lobby zitiert, um Wasser auf ihre Mühlen zu leiten, wie auch solche Biographen, die Karajan mit einem Heiligenschein umgeben; er ist ein altgedienter und verhältnismäßig objektiver Karajan-Kritiker. Seine Rezension von Karajans berühmter Philharmonia-Platte mit Strauss' *Don Juan* und *Till Eulenspiegel* (Columbias erste 33CX 1001-Langspielplatte) stellte Karajan in die Tradition Toscaninis und Kussewizkis. Weil sich die Bläser des Philharmonia Orchestra zu Höchstleistungen aufgeschwungen hatten, zog Porter diese Aufnahme den bis dato lange bewunderten »weicheren« Interpretationen von Clemens Krauss vor, die im Vergleich dazu fast langweilig klangen. Ähnlich bei Debussys *La Mer*: Porter fand auch hier eine gefälligere, weniger aufregende Alternative, diesmal die Einspielung mit Ansermet, und wieder stellte er Karajan in die Toscanini-Kussewizki-Tradition, wozu er nun auch noch Charles Münch zählte. Die Besprechung der *La-Mer*-Aufnahme ist vor allem we-

gen des Zwiespalts interessant, den diese Platte in Porter
wachruft. Porter gibt zu, daß er manchen Karajan-Inter-
pretationen gegenüber Vorbehalte habe, nicht von vornherein, sondern immer wenn in den ersten Takten zu spüren sei, daß aus der Musik zuviel gemacht würde – und das
in der damaligen Zeit! Aber schließlich gibt er sich geschlagen: »Doch, ach, die innige Anteilnahme, ja die fast
ingrimmige Sorgfalt, die Karajan jeder Streichermelodie,
jedem Bläsersolo angedeihen läßt, macht wahrlich eine
aufregende Interpretation daraus.«⁷ In diesem Zwiespalt
war Porter jahrelang befangen. Als das Berliner Philharmonische Orchester 1982 in New York gastierte, kamen
ihm erst Zweifel an der musikalischen Interpretation, weil
es den Brahmsschen Gegenrhythmen an Schlagkraft
fehlte, aber dann fuhr er fort:

»Im dritten Konzert, Brahms' *1.* und *3. Symphonie,* zeigte
sich der neue Karajan von seiner liebenswertesten Seite;
das waren natürliche, ausdrucksvolle und – das Wort soll
mir als letztes entkommen – tiefgründige Interpretationen: Entdeckungsreisen; behutsame Durchquerungen
vertrauten, abwechslungsreichen Geländes, das man mit
neuen Augen sieht, in Begleitung eines Kundigen, der hier
verweilt, dort etwas ausruft; Ergebnisse, zu denen unzählige seiner früheren, weniger intimen Interpretationen geführt hatten.«⁸

Karajan ging 1949 zu Legge und dem Philharmonia
Orchestra, als eine großzügige Unterstützung durch den
Maharadscha von Mysore die Finanzen des Orchesters
stabilisiert und die Möglichkeit zu erweiterter Aufnahmetätigkeit in Zusammenarbeit mit EMI eröffnet hatte, so
daß von nun an nicht nur Werken des klassischen Repertoires eingespielt werden konnten, sondern auch all jene,

die es Karajan und Legge am meisten angetan hatten: Balakirews *1. Symphonie*, Roussels *4. Symphonie*, die hochkomplizierte *Musik für Saiteninstrumente, Schlagzeug und Celesta* von Bartók, ferner englische Musik. Karajans Einspielung von Vaughan Williams' *Fantasie über ein Thema von Thomas Tallis* 1953 wurde mancher englischen vorgezogen. (Später sollte Karajan *Die Planeten* von Holst mit Beschlag belegen, erst durch seine Decca-Einspielung mit den Wiener Philharmonikern – eine Lieblingsplatte der Tochter des Komponisten, Imogen – und später durch seine Berliner Aufnahme, die zum Bestseller aller Zeiten wurde, wie Karajan mit einer Mischung aus Belustigung und Stolz zu erzählen pflegte.)

In seinem von dem Wiener Kritiker Franz Endler aufgezeichneten Lebensbericht erklärte Karajan, weshalb er der Meinung war, mit dem Philharmonia Orchestra, bei allem jugendlichen Feuereifer seiner Mitglied, über einen bestimmten Punkt nicht hinauskommen zu können. Sein Urteil – fundiert wie immer – dürfte all jene Musikliebhaber in England enttäuschen, die das Philharmonia der frühen fünfziger Jahre für ein Spitzenorchester hielten, erreicht allenfalls von Klangkörpern wie Beechams LPO, Boults BBC-SO in den dreißiger Jahren oder dem LSO in den Monteux-, Kertész- und ersten Previn-Jahren.* Karajans Arbeit mit dem Orchester zeichnete sich durch Genialität und systematisches Vorgehen aus. Und trotz der Spannungen, die eher im zwischenmenschlichen als im musikalischen Bereich auftraten – meistens auf Auslandsreisen –, trug sie unbestreitbar zur Erneuerung der Auffassung vom Verhältnis Dirigent–Orchester bei.

Da Karajan schon zu Lebzeiten eine Legende war und

---

* LPO = London Philharmonic Orchestra; BBC-SO = BBC Symphony Orchestra; LSO = London Symphony Orchestra.

mit den Berühmtheiten der Vergangenheit in eine Reihe
gestellt wurde, übersieht man leicht, daß er mit seiner me-
thodischen Orchestererziehung eine Revolution in Gang
setzte. In dieser Hinsicht ist er weit eher der Vorgänger
Simon Rattles als der Nachfolger von Arthur Nikisch.

André Previn nannte Karajan einen »Motivierer ersten
Ranges«, Ashkenazy beschrieb ihn als einen »großen sensi-
blen Musiker, der seine Vorstellungen denkbar gut vermitteln konnte«. Kurzum, er war ein großer Lehrer. Das wurde
mir gleich klar, als ich zum erstenmal eine seiner Proben
besuchte, und der Eindruck vertiefte sich im ersten unserer
langen Gespräche. Sichtbar wurde dies auch an seiner Me-
thode, ein Orchester über lange Zeit hinweg zu schulen.
Obwohl jeder Dirigent letzten Endes eine autokratische
Instanz ist, zeigte sich Karajan eher pragmatisch und ko-
operativ als formell oder schulmeisterlich. Es heißt, daß er
von der Psychologie eines Orchesters mehr verstand als
jeder andere Dirigent. In erster Linie bereitete er seine Proben gewissenhaft vor; dann war ihm sehr daran gelegen, die
Musiker spüren zu lassen, daß sie das Rennen machten.
Seine Proben uferten zeitlich nie aus, erinnern sich ältere
Philharmonia-Mitglieder; auch wenn sie noch so sehr unter
Druck standen, schaffte er es immer, ein wenig früher aufzuhören. Falls jemand ganz offensichtlich in schlechter Ver-
fassung war, ließ Karajan ihn in Ruhe. Einer von ihnen
erzählt:

»Ich habe Karajan immer sehr geschätzt, einfach weil er
sich mit einem auf die gleiche Stufe stellte. Das erste, was
ich unter seiner Leitung mitspielte, war der *Don Juan*. Ich
war ganz neu im Orchester, unerfahren, meinen Part hatte
ich zwar geübt, aber noch nie vorgespielt. Zuerst schwin-
gen sich die Streicher in die Höhe, dann kommen die Bässe
und die Tuba, die auf betonter Zählzeit einsetzt, und das

muß sitzen! Karajan machte eine leichte, hauchzarte Bewegung, die Streicher schalteten richtig, und die erste Geige zog alle mit sich in die Höhe. Doch ich konnte überhaupt keinen Abschlag sehen oder spüren – seine Arme hingen irgendwo in der Luft, er dirigierte eben nicht wie ein Tanzkapellmeister –, und ich verpaßte meinen Einsatz. Ich bin überzeugt, daß jeder andere Dirigent abgebrochen und sich weiß Gott wie aufgeführt hätte. Karajan sah mich nur an, als wollte er sagen: ›Ich verstehe mich auf meine Sache, und das gleiche will ich von Ihnen hoffen. Ich sage jetzt nichts. Aber beim nächsten Durchgang wissen Sie ja, was Sie erwartet, und dann sehen wir weiter.‹ Beim zweiten Durchspielen war ich vorbereitet und machte es richtig. Er warf mir einen Blick zu: o.k. Es fiel kein einziges Wort. Karajan war in Ordnung; ein gestandener Mann, der schnelle Autos fuhr und ein Flugzeug flog, also nicht nur ein großartiger Musiker. Mit so jemandem komme ich gut aus.«[9]

Bei den Berliner Philharmonikern konnte Karajan seine Vorbereitungsarbeit auf Wochen und sogar Jahre ausdehnen. In unseren Gesprächen erwähnte er, daß er Mahlers 5. *Symphonie* vor dem ersten öffentlichen Konzert in Berlin zwei Jahre lang durchgespielt, geprobt und für Tonträger aufgenommen habe. Bei anderer Gelegenheit wies er auf die Notwendigkeit hin, daß die Orchestermusiker ihren Part »im Kopf behalten«. Während meiner Lehrtätigkeit machte ich vergleichbare Erfahrungen: Ich staunte nicht schlecht darüber, daß viele Kollegen, die einen zwei- oder dreijährigen Kurs in Literatur abhielten, komplexe Texte in wenigen Unterrichtsstunden durchzogen: Heute lesen wir *König Lear*, morgen besprechen wir ihn, und übermorgen schreiben Sie Ihre Arbeit darüber. So absurd es ist, kommt es doch ständig vor. Karajans Neuerungen entsprangen letztlich dem gesunden Menschenverstand und erinnern an Konfuzius' verwunderte Frage: »Der Ausweg führt durch die Tür – warum benutzt sie also keiner?«

Der Karajan-Schüler Seiji Ozawa berichtete, wie Karajan als Lehrer einen Problemfall zwar erläuterte, niemals jedoch eine Lösung bot, nach dem Motto: »Man führe den Schüler ans Fenster, beschreibe aber unter keinen Umständen die Aussicht.«

Karajan lag das Unterrichten im Blut. Als Lehrer setzte er sich stets für Nachwuchsmusiker ein. Das ist kein Kinderspiel. Wie jedes Kunststück sieht es leichter aus, als es ist. Manchmal wird es auch bewußt so hingestellt, als ginge es allein darum, leicht formbares Menschenmaterial in die Hand zu bekommen. Man nimmt ein hohes Risiko auf sich, andere Personen, sogar die Eltern, mischen sich eifersüchtig ein, ein Orchester nimmt vielleicht Anstoß daran, daß es mit jungen Talenten arbeiten soll. Karajan überwand derlei Hindernisse mühelos. Ich habe eine Probe in Salzburg Pfingsten 1977 in lebhafter Erinnerung. An jenem Nachmittag spielte Karajan mit den Berliner Philharmonikern *Ein Heldenleben* fast ohne Unterbrechung durch. Anschließend erschien ein junges Mädchen in Jeans. Karajan kam von seinem Hocker herunter, das Orchester setzte sich für ein Mozart-Violinkonzert um, und den Rest des Nachmittags verbrachte man in angeregter Stimmung und guter Laune mit intensivster Probenarbeit. Das Mädchen hieß Anne-Sophie Mutter; 1977 stand sie am Anfang ihrer steilen Karriere. Karajan nahm sie unter anderem zu seinem Dankkonzert nach Oxford mit.

Karajan wurde oft von der »Leidenschaft des Unterrichtens« fortgerissen, wie es D. H. Lawrence einmal genannt hat. Nachdem die Aufnahmesitzungen zum *Rosenkavalier* im Januar 1982 abgeschlossen waren, probte er mit den Wiener Philharmonikern zwei Werke von Tschaikowski, die *6. Symphonie* und die Fantasie-Ouvertüre *Ro-*

meo und Julia. Es war Spätnachmittag, die Mikrophone hatte man schon weggeräumt, und der Saal war nur noch halb beleuchtet. Karajan hielt eher eine Sitzung oder ein Seminar ab als eine Probe. Dann und wann ließ er eine Anekdote einfließen, ansonsten probte er mit Geduld und Gelassenheit, erst die Symphonie, dann die Fantasie-Ouvertüre, diese besonders ausdauernd – auf die Streicherrezitative verwandte er eine Sorgfalt, mit der ein anderer Dirigent allenfalls bei den Rezitativen im Finale von Beethovens *Neunter* vorgegangen wäre. Hinterher erzählte er mir, daß ein, zwei jüngere Orchestermusiker dieses Werk noch nie zuvor gespielt hätten. Damals überraschte mich das nur; rückblickend erkannte ich, daß ihm gerade deswegen die Probe besonders wichtig gewesen war.

Karajan probte immer gründlich. In Aachen hielt er für Werke wie Bachs *h-Moll-Messe* und Beethovens *Missa solemnis* 60 bis 70 Chor- und Orchesterproben ab. Der junge Wilhelm Pitz als Chorleiter des Aachener Opernchors und Karajan müssen sich aufs beste ergänzt haben. Es blieb nicht aus, daß man über Karajans Gründlichkeit spottete; das Schlagwort vom »Perfektionismus« kam in Umlauf. Daß es im pejorativen Sinn gebraucht wurde, bewies noch 1987 eine BBC-Sendung über Karajan mit dem Titel *The Price of Perfection.* Chesterman machte sich in einem CBC-Interview zum Vertreter der Anklage; Karajan war der Meinung, das Wort werde nur von all jenen gebraucht, die zu faul oder zu ungeduldig seien, sich das nötige Rüstzeug anzueignen. Musik habe ein Recht darauf, so gut und schön wie irgend möglich dargeboten zu werden. Chesterman war das zu kopflastig, eine Überbewertung des Technischen. Dazu Karajan, sonst ein höflicher Gesprächspartner, der nicht so leicht aus der Ruhe zu bringen war: Das sei eine völlig irrige Ansicht. Erst nach sorgfältiger Vorbereitung sei sein Orchester in der Lage, mit

vollem Bewußtsein und ohne Angst zu spielen. Anders als
viele Orchester, behauptete er, brächten die Berliner ein
Konzert nicht mit Hängen und Würgen hinter sich, angst-
gepeinigt und »Noten verschluckend«. Im Gegenteil: Stets
Herr der Lage, nicht an die Noten gekettet, könnten sie
Geist und Phantasie frei schweifen lassen und sich an ihrer
Tätigkeit erfreuen. Damit hatte Karajan wohl den Nagel
auf den Kopf getroffen. Jahrelang arbeitete er daran, die-
ses wundervolle Orchester optisch und akustisch für die
Nachwelt festzuhalten.

Wir wollen den Perfektionismus, der Karajan zum Vor-
wurf gemacht wurde, nun von einer anderen Warte aus
betrachten:

»Gewiß haben viele seine dämonische Persönlichkeit, sein
unerhörtes Stilgefühl, die Präzision seiner Aufführungen,
sowie deren Klangschönheit und Deutlichkeit gerühmt.
Aber unter anderem hörte ich beispielsweise einen seiner
Herrn ›Kollegen‹ sagen, es sei keine besondere Kunst, gute
Aufführungen zustande zu bringen, wenn man so viele
Proben macht. Gewiß ist das keine Kunst, denn je öfter
man eine Sache durchspielt, desto besser geht sie, und davon profitieren auch die schlechtesten Dirigenten. Aber es
ist eine Kunst, in der neunten Probe noch das Bedürfnis
nach einer zehnten zu haben, weil man noch manches
hört, das besser werden kann, *weil man in der zehnten
Probe noch etwas zu sagen weiß.* Das ist ja der Unterschied: ein schlechter Dirigent weiß oft schon mit der dritten Probe nichts mehr anzufangen, hat nichts zu sagen, ist
deshalb früher zufrieden, weil er nicht die Fähigkeit hat,
noch zu unterscheiden und weil nichts in ihm höhere An-
sprüche stellt. Und das ist die Ursache: der Produktive
erzeugt in seinem Innern ein genaues Bild von dem, was
er wiedergeben wird; hinter dem darf die Aufführung

ebensowenig zurückbleiben wie alles, was er aus sich her-
vorbringt. In wenigem nur unterscheidet sich solches
Reproduzieren vom Produzieren; fast ist nur der Weg ein
anderer.«[10]

Man könnte sich kaum eine bessere Beschreibung von Karajans Arbeitsweise vorstellen, obwohl diese Sätze aus der
Feder Schönbergs stammen und Mahlers Dirigierkunst
zum Gegenstand haben. Daß sowohl Mahler als auch Karajan die Wiener Oper geleitet haben, nahm Neville Cardus
zum Anlaß, einen Vergleich zwischen beiden anzustellen; er
entdeckte wirklich etliche Gemeinsamkeiten.[11] Man soll
sich natürlich davor hüten, den schaffenden und den nach-
schaffenden Künstler über einen Kamm zu scheren (wie
Verdi einmal bemerkte, wäre das der Anfang vom Ende).
Ebenfalls mit Vorsicht zu genießen ist der Gemeinplatz, daß
einem Dirigenten, der seine Ideen nicht schriftlich niederle-
gen kann, der letzte Zugang zum Gral der Musik verwehrt
sei. Schönberg sieht in seinem Aufsatz über Mahler die Fähigkeit, »in seinem Innern ein genaues Bild« von dem zu erzeugen, was man wiedergeben wird, als ausschlaggebend
an.

Karajan hatte von Anfang an eine ausgezeichnete
Schlagtechnik. Elisabeth Grümmer, die als Sängerin mit
ihm in Aachen zusammenarbeitete, konnte dies bezeugen.
Legge legte es im einzelnen dar.[12] Karajans jüngere Kollegen sprechen heute noch davon. Um wieder Ashkenazy zu
zitieren: »Noch das feinste Zeichen hatte bei ihm eine
starke Signalwirkung.« Hinzu kam eine starke Ausstrahlung, und so schien fast alles Proben überflüssig zu sein.
Manche großen Dirigenten befanden es tatsächlich nicht
für nötig zu proben — Karajan hatte wie jeder dazu die
passenden Knappertsbusch-Anekdoten auf Lager. Auf Karajan selbst trifft hingegen nicht zu, daß sich seine ganze

Kunst darin erschöpft hätte. Wie James Galway nach ein
paar Jahren bei den Berliner Philharmonikern schrieb:
»Karajan gab sich nie mit dem üblichen Geleier zufrieden.«[13] Das können wir in den Plattenaufnahmen von Karajans Probenarbeit zu den späten Mozart-Symphonien
oder zum Finale von Beethovens 9. *Symphonie* selbst hören. Bei der letzten Probe vor der Berliner Einspielung dieser Symphonie 1962 entdeckte Karajan, daß die Bratschen
jahrelang im »Adagio ma non troppo, ma divoto« an einer
Stelle mit Stimmteilung nur die Oberstimme gespielt hatten. Später, in Takt 7, kam es zu folgendem Dialog:

»Karajan: Sie machen immer da so eine Riesenpause, die
steht nicht drin; das ist Dokumentenfälschung.
    Orchester: Aber da sind doch Punkte drauf [Stakkato-
punkte].
    Karajan: Nix Punkte, die Punkte sind zum Ansetzen,
damit der Ton richtig angesetzt wird. Das hat nichts mit
der Länge zu tun, das ist falsch. Wer das in der Akademie
lehrt, gehört herausgenommen, als Volksverführer.«

In seiner Autobiographie *Putting the Record Straight* beschreibt John Culshaw, wie Karajan bei seiner RCA-Ein-
spielung von Bizets *Carmen* in Wien 1962/63 mit Leontyne Price als Carmen probte:

»Wir hatten gerade das Kartenterzett im dritten Akt mit
Leontyne und den anderen beiden Zigeunerinnen, wunderbaren Sängerinnen, abgeschlossen; Karajans Begleitung
sprach für sich selbst. Die Noten geben nicht viel her –
lauter langsame, gleichmäßig auf die Streicherstimmen
verteilte Akkorde, die neun von zehn Dirigenten achtlos
herunterdirigieren. Sie sind leicht zu spielen, plätschern so
dahin, und das Hauptaugenmerk ist auf die Sänger und

den Text gerichtet. Karajan als wahres Genie oder Magier, oder wie man ihn sonst nennen will, scheute keine Mühe, an dieser Stelle genau die richtige Klangfarbe zu erarbeiten, den passenden dunklen Ton. Er balancierte den Streicherapparat aus. Ich weiß schon, daß sich das anhört, als verstünde es sich von selbst. Aber leider ist das nicht der Fall. Die meisten Dirigenten ruhen sich hier aus, achten nur darauf, daß Orchester und Sänger zusammenbleiben, und überlassen die Musik sich selbst. Er trug im gleichen Maß wie die Sänger zur dramatischen Spannung bei, indem er die Gesamtstruktur ganz unmerklich vervollständigte. Wahrscheinlich fiel es keinem einzigen Kritiker auf, daß sich die Stelle von dem üblichen Rums-ta-ta deutlich abhob, und wenn, dann fand er es offensichtlich nicht der Erwähnung wert.«[14]

Die letzte Vollendung von Karajans Dirigierkunst gründet in der bewußten Unterscheidung zwischen den Erfordernissen von Probe und Konzert, einer Unterscheidung, der er besonderen Wert beimaß und auf die er auch in unseren Gesprächen verwies. Karajan war berühmt dafür, daß er mit dem Orchester atmete – insbesondere mit den Bläsern –, was viele Dirigenten versäumen. Es war ihm so sehr in Fleisch und Blut übergegangen, daß er mit der Musik atmete, auch wenn er sie nur auf dem Bildschirm verfolgte. Karajan tat jedoch noch mehr für seine Musiker: Er ließ ihrer »Phantasie« – so Galway – freien Lauf.

»Wenn jemand eine ausschweifende Phantasie hatte [...], gewährte Karajan dem Phantasten den nötigen Freiraum, weil er wußte, daß alles, was der Vorstellung des Musikers aus dem Augenblick heraus entspringt, das Publikum am meisten anspricht.«[15]

Der Musikkritiker des Londoner *Daily Telegraph*, Peter
Stadlen, drückte das gleiche auf seine Weise aus, nachdem
Karajan im Mai 1981 Bruckners 5. *Symphonie* in der
Royal Festival Hall dirigiert hatte:

»Karajan setzte bei der 5. *Symphonie* darauf, das Vorhandene einfach hinzunehmen; weil aber auf die Klangwir-
kung und die Phrasierung bis ins kleinste Detail unsägliche
Mühe und Sorgfalt verwendet worden war, konnte die
Symphonie dabei nur gewinnen. Die Kooperation zwischen diesem Dirigenten und seinem Orchester ist also nie
dem Zufall überlassen. Vielmehr scheint Karajan die Musiker in jedem Augenblick daran zu erinnern, was sie in
zahllosen Stunden gemeinsamer Arbeit vereinbart hatten;
und seine Bewegungen − vornehmlich der freien linken
Hand − sind funktional und nicht im geringsten dämo-
nisch. Wenn sich trotzdem kein Déjà-entendu-Gefühl ein-
stellt, wenn immerzu ein Eindruck zwingender Aktualität
vermittelt wird, dann liegt das daran, daß sich in ihrem
einzigartigen Partnerschaftsverhältnis jeder einzelne dieser hervorragenden Musiker nicht nur für seinen eigenen
Part, sondern auch für die ganze Interpretation verantwortlich fühlt. Das schienen sogar die beiden Posaunisten
auszustrahlen, die sich erst im Schlußchoral dem herr-
lichen Bläserkorpus anschlossen.«[16]

Den Wiederaufbau des Berliner Orchesters ging Karajan
1955 mit größter Geduld und Sorgfalt an; an erster Stelle
handelte er einen Vertrag auf Lebenszeit aus. Anfangs
machte er relativ wenig Schallplatten: *Ein Heldenleben* für
die Deutsche Grammophon, eine monumentale, zackige
Achte von Bruckner und eine fein ausgewogene Mozart-*A-
Dur-Symphonie Nr. 29*, KV 201, für EMI. Außerhalb
Deutschlands wurde das neu aufgebaute und verjüngte Or-

chester einem breiteren Publikum bekannt, als Karajan
1961 mit den neun Beethoven-Symphonien auf Tournee
ging, noch bevor im neuen Stereozeitalter mit seiner Gesamtaufnahme für die Deutsche Grammophon der Plat-
tenverkauf zum Subskriptionspreis anlief. Wer Karajans
Berliner Philharmoniker noch nie im Einsatz gesehen hat —
die CD-Videos werden diese Lücke zu gegebener Zeit
schließen —, kann wenigstens in Neville Cardus' Schilde-
rung des ersten der drei Londoner Beethoven-Konzerte
von 1961 etwas von dem ans Wunderbare grenzenden
Schauspiel erahnen. Cardus bemerkt allerdings einschrän-
kend, daß in allen drei Konzerten eine gewisse Eintönig-
keit zu verzeichnen war, bei der 1. wie der 7. *Symphonie*
wie auch bei der »apollinischen« 4. *Symphonie* (eine Les-
art, die Karajan später modifizierte). Dennoch läßt seine
Rezension vor dem Auge des Lesers ein Bild vom Schau-
platz der Handlung erstehen:

»Herbert von Karajan und das Berliner Philharmonische
Orchester spielten am Freitag in der zum Bersten vollen
Royal Festival Hall, und nach Beendigung ihres Beethoven-
Programms brach ein tosender Applaus los. Das Konzert
war in der Tat eine Sensation; die Orchestermusiker stri-
chen und bliesen und trommelten, als ginge es um ihr Leben.
Die Geiger wogten wie die Halme im Wind. Der weißhaa-
rige Pauker hätte ein Zauberkünstler sein können, der aus
seiner Pauke ein Kaninchen nach dem andern herausholt.
Einer der Cellisten führte seinen Bogen mit solchem
Schwung, daß er vom Podium zu kugeln schien. Jede Note
blühte auf, und alle waren miteinander verbunden. Es ent-
stand nicht *ein* Riß im Klanggewebe, kein einziger Hiatus
den ganzen Abend lang. Wir konnten Dinge *hören*, die wir
normalerweise mit dem Auge in der Partitur suchen müssen. Die Phrasen gingen organisch ineinander über, die

Viola löste die Violine ab und das Cello die Viola, ohne
daß man die Nahtstelle wahrnahm. Die Kontrabässe spielten virtuos in feinsten Schattierungen. Die Holzbläser san-
gen harmonisch im Chor. Die Violinen leuchteten einmal
warm, dann wieder in strahlendem Glanz. Von reiner Technik, bis zur Perfektion getrieben, konnte hier keine Rede
sein. Dieses Orchester ist musikalisch bis ins Mark.« [17]

Hier ist nicht der Ort, einen Überblick über Karajans Berliner Einspielungen zu geben. Wenigstens so viel soll gesagt
sein, daß der Beethoven-Zyklus von 1962 eine Tour de
force war, zugleich die beste Einspielung ihrer Art seit Toscaninis Gesamtaufnahme, der sie zum Teil huldigte. Das
Publikum mag von den Berlinern durchaus einen denkwür-
digen Beethoven und einen unvergeßlichen Brahms erwartet haben (ein Brahms-Zyklus erschien 1964); weniger
rechnete es vielleicht mit der überirdisch schönen Debussy-
Einspielung von 1964 – *La Mer* und *Prélude à l'après-midi
d'un faune* zusammen mit Ravels zweiter *Daphnis-et-
Chloé*-Suite – oder mit den Einspielungen von Sibelius'
Vierter und *Fünfter*, die die früheren Philharmonia-Platten
weit übertrafen, oder auch mit Schostakowitschs *Zehnter*.
Nachdem der *Ring* abgeschlossen war und das Berliner
Orchester nun auf einem Gebiet, das einst die Domäne der
Wiener Philharmoniker gewesen war, mit diesen die Kräfte
messen konnte, festigte und erweiterte Karajan in den siebziger Jahren das Repertoire. Ton und Ausdruck wurden
immer intensiver, je älter Karajan wurde, je mehr er Opfer
persönlicher Angriffe war. Es folgten fast vorhersehbare
Glanzpunkte: das Gesamtwerk von Bruckner und Richard
Strauss, exzellente Schumann- und Brahms-Zyklen, Honeggers 2. und 3. *Symphonie* und eleganter, volltönender
später Mozart. Anderes kam dagegen eher überraschend:
die Kassette mit Werken der Zweiten Wiener Schule, Mah-

lers *Sechste* und schließlich die grandiosen Einspielungen
von Mahlers *Neunter* und Nielsens *Vierter*. Weitere Kost-
barkeiten, die heute noch immer etwas unterschätzt
werden: die frühen Tschaikowski-Symphonien, ein herz-
erfrischend naturnaher Schubert-Zyklus mit einer *Unvoll-
endeten*, die so abgründig, dunkel und in so düsteren
Farben gemalt ist wie ein später Tintoretto, und Haydns
Pariser und Londoner Symphonien, gespielt mit Haydn-
schem Esprit.

Karajan stellt die Geduld des Chronisten auf eine harte
Probe. Listet man die Errungenschaften des Berliner Philharmonischen Orchesters bei den symphonischen Werken
auf, läuft man Gefahr, die Operneinspielungen und Karajans Regietätigkeit zu vernachlässigen. Im September 1965
erklärte Walter Legge den Lesern von *Musical America*:
»Das amerikanische Publikum wird sich von Karajans For-
mat als Dirigent erst einen Begriff machen können, wenn es
einmal gehört hat, wie dieser Klingsor unter den Operndiri-
genten seinen Zaubergarten beschwört.« Von Karajans
Opernrepertoire wurde viel eingespielt. Zwei ärgerliche
Lücken klaffen: *Elektra* und *Die Frau ohne Schatten*, einzigartige Aufführungen zu Strauss' hundertstem Geburtstag 1964 in Salzburg und Wien; das eine oder andere Werk
spielte Karajan zwar ein, hatte es aber seit Ulm oder Aachen
nicht mehr aufgeführt. In diesem Fall jedoch – so Legge –
sind die Schallplatten kein gleichwertiger Ersatz für die
Bühnenaufführung. Karajan war von seiner Anlage und
Ausbildung her ein Mann des Theaters; es ist eines der
vielen Paradoxa seiner Laufbahn, daß dieser zentrale Punkt
seiner Kunst von der Öffentlichkeit nicht immer zur Kenntnis genommen wurde. Die berühmte *Lucia di Lammermoor* mit Maria Callas kam zwar nach Berlin, und der
Salzburger *Ring* fand sogar den Weg nach New York; ansonsten beschränkte sich Karajans Operntätigkeit ab 1950

weitgehend auf Salzburg, Wien und einige Jahre lang auf
Mailand. Das hatte unter anderem praktische Gründe; die
Folge war, daß Salzburg an Ostern wie im Sommer zu einem
Mekka der Opernfreunde wurde. Um Karajan in der Oper
zu erleben, mußte »der Berg zum Propheten kommen«.

Die meisten Salzburg-Pilger fanden die Reise lohnend,
nicht nur wegen der musikalischen Qualität, sondern auch
wegen des hohen Niveaus der Inszenierungen. Karajan um-
ging die Modetorheiten, mit denen viele Nachkriegsinten-
danten der Musik nur schadeten, und knüpfte wieder an
eine ältere, immer noch gültige Tradition an, die an Wieland Wagner vorbei über Gründgens und Reinhardt auf
Roller und Mahler und in mancher Hinsicht sogar bis zu
Richard Wagner selbst zurückgeht. Seit Anfang der vierziger Jahre führte der Dirigent Karajan auch Regie – nicht
etwa aus Eitelkeit oder aus Machtstreben heraus, sondern
eher, um Wagners Ideal des Gesamtkunstwerks neu zu verwirklichen.[18] Peter Conrad formulierte es so: »Karajan
übernimmt eine Doppelrolle, damit er musikalische Mo-
tive sichtbar machen kann.«[19] Zu Karajans einfachsten
Experimenten auf dem Gebiet des Musiktheaters gehörte
seine Inszenierung der *Lucia* (mit Callas) 1954 in Mailand.
Franco Zeffirelli, einer der wenigen Regisseure, mit denen
Karajan arbeitete, erinnerte sich: »Karajan versuchte nicht
einmal, Regie zu führen. Er arrangierte nur alles um Maria
herum. Die Wahnsinnsszene spielte sie wie eine Ballerina
mit Spotlight vor dunklem Hintergrund. Weiter nichts. Er
ließ sie zur Musik werden, zu absoluter Musik.«[20]

Karajans Beziehung zur »absoluten Musik« – zur dra-
matisch gestalteten Musik und nicht zum Musikdrama, um
Professor Kivys Unterscheidung aufzunehmen – verband
seine Regiearbeit mit der Konzerttätigkeit und darüber hinaus mit seinem ganzen Weltbild. Die Sehnsucht nach Ganz-
heit, nach Einheit, findet man in der buddhistischen Lehre

genauso wieder wie in der romantischen Philosophie des 19. Jahrhunderts. Zu beiden fühlte sich Karajan augenscheinlich hingezogen, sowohl vom kulturellen Hintergrund als auch von seiner persönlichen Neigung her.

Bereits 1938 fiel Irmgard Seefried als junger Sopranistin in Aachen Karajans Eigenart auf, die Stimme instrumental zu behandeln, nicht gewaltsam oder gegen jede Dramatik, sondern um alle musikalischen und dramatischen Elemente in einen Gesamtprozeß einzuordnen. Da Theaterregie in vieler Hinsicht eine flüchtige Kunst ist, werden wir nie erfahren, wie zum Beispiel die berühmte Gründgens/Karajan-*Zauberflöte* in Berlin 1938 wirklich aussah und sich anhörte; damals wurde die Aufführung wegen der Übereinstimmung der musikalischen und visuellen Strukturen gepriesen, die so vollkommen gewesen sein soll, daß es schon nicht mehr mit rechten Dingen zuzugehen schien. Und weil Karajans Inszenierung der *Salome* von 1977 nicht verfilmt worden ist, können wir sie uns nicht mehr ganz vergegenwärtigen, wenn sie auch wenigstens auf Platte zu hören ist.

Natürlich eignen sich nicht alle Opern gleich gut für eine solche Umsetzung. Doch Karajans Bühnenproduktionen beschränkten sich ohnehin hauptsächlich auf Werke, die in der Tradition des Gesamtkunstwerks stehen: vor allem Wagner, Richard Strauss, Debussy, manche Puccini-Opern und (worüber man aber streiten könnte) Verdi. Vieles davon kreist szenisch um die Nacht – wer an der Dunkelheit von Karajans Inszenierungen herumnörgelt, übersieht diesen Punkt möglicherweise –, und überall lauert der Tod. Aus diesem Grund kann man die Liste ohne Bedenken um Mozarts *Don Giovanni* und Bizets *Carmen* erweitern: Der nächtliche Ausblick aufs Meer als Hintergrundkulisse im dritten Akt von *Carmen* war eine von Karajans ausgefallensten und eindrucksvollsten Darstellungen der Ewigkeit. 1962 inszenierte und dirigierte Karajan in Wien Debussys

Pelléas und Mélisande. Laut H. C. Robbins Landon war
der *Tristan* kurz zuvor, eine von lastender Dunkelheit und
seltener musikalischer Sensibilität durchdrungene Aufführung, für viele Besucher eine der wichtigsten musikalischen Erfahrungen. Aber das Werk von Debussy zeigte
genausogut, was man erreichen kann, wenn Musik, Bühnenbild und Bühnengeschehen perfekt aufeinander abgestimmt sind. Ich zitiere aus der Rezension von Cardus:

»Ich kann Karajan und dem Orchester der Wiener Staatsoper kein größeres Kompliment machen, als zu sagen, daß
sie all die sonst oft unverstandenen spezifischen Merkmale des Werks hörbar machten. Ich muß gestehen, daß
ich manchmal den Tränen nahe war, der Blick ähnlich verhangen wie die schönen Bühnenbilder von Günther
Schneider-Siemssen. Die Anfangsszene im Wald versetzte
uns in eine unendliche Welt hoher Bäume, verlockend und
geheimnisvoll. Der Brunnen im Park war zauberhaft; das
Orchester hob mit einer schillernden Untermalung an,
und alles schien aus der Ferne zu reflektieren. Welch eine
Magie in der Mischung der Töne! Ganz anders, indes in
vollkommener Harmonie, die Grottenszene; die tiefe
Dunkelheit wich nach und nach, als die Nacht von draußen hereinleuchtete. Die Bühnenbilder vereinten Maeterlinck und Debussy, ohne daß man dessen gewahr wurde;
das Flüstern des Windes, die Echos und Schatten, all die
unsichtbaren formenden Kräfte einer Liebestragödie, die
zur Katastrophe führt, weil ein unschuldiges Kind sich verplappert...«[21]

Günther Schneider-Siemssen war mehr als ein Vierteljahrhundert lang für Karajan, was Roller für Mahler gewesen
war. Zum Glück sind seine Arbeiten in Bildbänden reichlich dokumentiert. Der *Lohengrin* der Salzburger Oster-

festspiele von 1976, dessen lichtdurchflutete Bühnenbilder auf Buchmalereien des 14. Jahrhunderts zurückgin-
gen, muß als eine der schönsten Wagner-Aufführungen
der jüngsten Vergangenheit gelten. Andererseits wäre es
ungerecht, ihm den Vorzug zu geben vor dem *Ring*,
vor *Tristan* oder *Parsifal* oder auch vor dem *Fliegenden
Holländer* von 1982 mit seinen bombastischen Bühnen-
bildern, halb realistisch, halb phantastisch.

Die Verehrung vieler Sänger für Karajan ist allgemein
bekannt; schon mancher, wie der Tenor José Carreras, gab
zu, Karajan habe sein Kunstverständnis von Grund auf
verändert. Kritisiert wurde gelegentlich nur, daß er manche Künstler mit Partien betraute, die nicht ihrer Stimm-
lage oder ihren Stärken entsprachen. Ab und zu mußte er
auch Absagen einstecken; Jon Vickers lehnte es mit dreißig ab, den Tristan zu singen, obgleich er ihn später, 1972
in Salzburg, übernahm. Wer Karajan gut kannte, vertraute
seinem Urteil in bezug auf die Besetzung seiner Inszenierungen. Probleme traten erst auf, wenn ein Sänger dieselbe Partie auch andernorts singen wollte, wo die Bedingungen weniger günstig waren: gedrängte Terminpläne,
routinemäßiges Dirigieren. Karajan gelang es, die Sänger
selbst bei den anspruchsvollsten Rollen sicher zu führen —
ein Dirigent mit weniger Kontrolle über das Orchester
konnte sich hier nicht mit ihm messen.

Die Osterfestspiele verliehen dem Salzburger Musikleben eine neue Dimension. Manche behaupten, Karajan
hätte auch die Sommerfestspiele verändert: sowohl ihr Publikum als auch die künstlerischen Ideale. Stephen Gallup
wies in einer vor kurzem herausgebrachten Geschichte der
Festspiele darauf hin, daß Karajan das letzte Bindeglied
zur Tradition der Gründerväter der Festspiele sei. Während der Karajan-Jahre wurden Mozart und Richard
Strauss nicht aus dem Repertoire verdrängt, wenn auch

andere Komponisten aufgenommen wurden. Auf seine
Weise hielt Karajan das Ideal der Ensembleoper aufrecht,
bildete Teams und probte mit ihnen. Namhafte Summen
von seinen Plattenfirmen (die jeweils die vorausgehenden
Einspielungen machten) ermöglichten so lange Probenzei-
ten, daß im Vergleich dazu sogar die Einstudierung einer
Oper in Glyndebourne überstürzt erschien. Natürlich ko-
stet das viel Geld. Aber wo findet man größere Festspiele,
die nicht teuer sind und nicht mehr oder weniger exklusiv
– weil man Ausdauer, Glück und (vor allem) Beziehungen
haben muß, um eine der begehrten Eintrittskarten zu ergattern? Hierin unterscheidet sich Salzburg weder von
Bayreuth noch von Glyndebourne, noch von den Rossini-
Festspielen in Pesaro, die, kaum aus den Kinderschuhen
heraus, bei den Eintrittspreisen für Premieren Salzburg
weit überbieten. Der einzige Nachteil des Mammutunter-
nehmens der Osterfestspiele ist vielleicht, daß man in
manchen Einspielungen der letzten Zeit die Intensität der
Live-Aufführungen vermißt, zu deren Vorbereitung sie
dienten.

Letzten Endes überschreiten Schallplatte, Film, Funk
und Fernsehen die meisten Schranken; allein deshalb
steckte Karajan – durchaus elitär in seinem Bestreben, ein
weltweites Publikum zu erreichen – so viel Zeit und Geld
in die Entwicklung der technischen Mittel für eine quali-
tätvolle Verbreitung von Musik. Auch in diesem Bereich
stand Karajan im Kreuzfeuer der Kritik; man behauptete,
das Interesse für die Technik müsse die Glaubwürdigkeit
eines öffentlich auftretenden Musikers schmälern. Anfang
der sechziger Jahre titulierte ein amerikanischer Kritiker
Karajan als Dirigenten »der Mathematiker [Bach wäre
wahrscheinlich geschmeichelt gewesen] und Ingenieure«.
Chesterman sagte in seinem CBC-Interview, er finde Karajans unermüdliches Interesse am Warum und Wozu von

Wissenschaft und Technik und an den »letzten Dingen«
befremdlich. (Karajan erwiderte, zwei Kollegen seien beim
Dirigieren des *Tristan* mehr oder weniger an der gleichen
Stelle gestorben, weshalb es durchaus der Mühe wert sei,
die medizinische Forschung auf diesem Feld zu unterstüt-
zen.) Die Haltung vieler älterer Musiker und Kritiker gegenüber Wissenschaft und Technik ist noch ein Reflex der
romantischen beziehungsweise Fin-de-siècle-Ästhetik, die
– um den Begriff von Villiers de l'Isle-Adam zu gebrauchen
– die Wissenschaft als »Vorstadtreligion« hinstellte. Karajans Vater war Arzt. Unter seinen Vorfahren väterlicher-
seits gab es eine Reihe bedeutender Akademiker, überwie-
gend Philologen. Karajan selbst erhielt, wie es für einen in
den zwanziger und dreißiger Jahren aufwachsenden Arzt-
sohn üblich war, eine naturwissenschaftlich und humani-
stisch orientierte Ausbildung. Verständlich genug in einer
Zeit der Massenarbeitslosigkeit, drängten ihn seine Eltern,
einen praktischen Beruf zu erlernen, und Karajan studierte
in Wien tatsächlich ein Jahr lang Maschinenbau, bevor er
seiner eigentlichen Berufung, der Musik, folgte.

Historisch gesehen ist Karajan ein Wendepunkt in der
dirigentischen Entwicklung. Die Musikpraxis der großen
deutsch-österreichischen Tradition hatte er sozusagen
noch mit der Muttermilch eingesogen; zugleich war er der
erste Dirigent von Rang, der in dem neuen Zeitalter der
Technik aufwuchs. (Auch in kultureller Hinsicht trifft das
auf ihn als Österreicher mit slawischen und mediterranen
Vorfahren zu.) Man nimmt gerne an, die Musikwelt wäre
bis zur Zeit der Langspielplatte und des Stereosound von
der Technik unbeleckt gewesen. Aber schon 1928, als Karajan noch an der Wiener Musikhochschule studierte,
sagte Schönberg zu Erwin Stein:

»Auch beim Rundfunk reichte eine kleine Anzahl gut
sendbarer Klangindividualitäten zur Darstellung aller

Kunstgedanken aus; und Grammophon und mechanische
Instrumente müßten desto klarer klingen, je dünnere Sätze
sie wiedergeben dürfen.«²²

Im selben Jahr schloß Schönberg seine *Variationen für
Orchester* op. 31 ab, die Karajan später aus dem Konzertsaal ins Aufnahmestudio bringen sollte, um die künstle-
risch raffinierteste und technisch revolutionärste Einspielung des 20. Jahrhunderts ins Werk zu setzen.

Alte Vorurteile wurzeln tief und sind schwer auszurot-
ten. Sechzig Jahre nach Schönbergs oben zitierten Bemer-
kungen und fast zwanzig Jahre nach Karajans Einspielung
der *Variationen* op. 31 hält der eine oder andere immer
noch an der Meinung fest, die Platte könne niemals ein
würdiger Ersatz für das wirkliche Geschehen im Konzertsaal sein. Als Chesterman Karajan darauf festnageln
wollte, daß der Klang im Konzertsaal naturgemäß besser
sei als der Plattensound, fragte Karajan nur: »Für wen
denn?« Für ein paar Privilegierte vielleicht, die Zugang zu
Konzertsälen mit guter Akustik haben und das Glück, den
günstigsten Platz zu erwischen. Der Reiz, den auf dem Kon-
zertpodium gespielte Musik erzeugt, ist fraglos unwider-
stehlich – das einmalige Ereignis, das ein Karajan-Konzert
zu werden versprach, der Andrang stürmischer Musikliebhaber, ganz zu schweigen von einer gewissen Parallele zur
»Bärenhatz«, über die sich Glenn Gould gern mokierte:
Von aller Augen verfolgt, werden die Solisten aufs Podium
gejagt. Die Ritualisierung des Konzertlebens wird nirgends
deutlicher als in den Londoner Henry-Wood-Promenade-
konzerten, vielleicht den größten Musikfestspielen der
Welt. Aber wenn man von einem »Prom« wirklich alles gut
mitbekommen will, bleibt einem oft nichts anderes übrig,
als sich zu Hause die Radioübertragung anzuhören, so
schlecht ist die Akustik in der ausladenden Royal Albert
Hall.

Anders als Glenn Gould, den mit Karajan eine gewisse
:lenverwandtschaft verband, gab Karajan die Konzert-
igkeit nicht auf; doch ganz wie Gould machte er ohne
iche Scham von der Aufnahmetechnik Gebrauch, als er-
r Dirigent nach Stokowski, dem Wegbereiter der Mu-
technologie, der zu seinem Pech dreißig Jahre zu früh
>oren wurde. In den Nachkriegsjahren arbeitete Kara-
eng mit zwei der rührigsten Schallplattenproduzenten
ammen, mit Walter Legge und John Culshaw. Culshaw
lt Karajan und Benjamin Britten für seine besten Stu-
künstler. Die Aufnahmetechnik mit mehreren Studios,
für die berühmte Decca-*Aida* von 1959 verwendet
rde, beherrschte Karajan sicherlich aus dem Effeff; und
wohl er sich manchmal etwas überschätzte, was sich
er anderem in der teuren Ausrüstung rächte, hat er auf
sem Gebiet eine Meisterschaft erreicht wie kein anderer
isiker vor ihm.

n der Anfangszeit von Tonband und LP achteten Kara-
und Legge besonders auf die Mikrophonaufstellung
l die Austarierung der Instrumentengruppen im Studio
iige ihrer alten Monoplatten klingen ganz und gar ste-
phon), ohne dabei das künstlerische Umfeld aus den
3en zu verlieren. Der zeitlose Reiz, der von Karajans
spielungen von *Così fan tutte* und *Ariadne auf Naxos*
geht, liegt teils in der erstklassigen Besetzung, teils in
ajans und Legges Art, sich die Gegebenheiten des Stu-
s nutzbar zu machen. Die Intimität ihrer Aufnahmen
ärt sich daraus, daß die Musik unmittelbar an das Mi-
phon beziehungsweise an den Hörer gerichtet ist und
it erst durch ein imaginäres Rampenlicht »rüberge-
:ht« werden muß.

egge war Pragmatiker. Als Kirsten Flagstad in der Furt-
igler-Einspielung von Wagners *Tristan und Isolde* 1952
hohe C nicht schaffte, sang es Elisabeth Schwarzkopf

für sie. Karajan dachte ganz ähnlich wie Legge. Damals erschienen vielen Leuten solche Praktiken als unmoralisch. Gould wiederum wandte ein, daß die Einstellung zum Nutzen der Aufnahmetechnik nur eine Generationenfrage sei. In einer köstlichen Parodie eines Interviews, das Sir Adrian Boult einmal gegeben hatte, entlarvte Gould die Haltung der älteren Generation gegenüber der Schallplatte; sinngemäß legte er Boult folgendes in den Mund: »Es ist nur recht und billig, gelegentlich auch mal Plattenaufnahmen zu machen, alter Freund, besonders für die, die nicht ins Konzert gehen können, und ich werde mich anstrengen, das Beste aus dem Orchester herauszuholen. Aber ich will keine Flickschusterei, denn die große Linie muß um jeden Preis erhalten bleiben.« Karajan, selbst ein Meister der großen Linie, hätte Boult vielleicht in manchem beigepflichtet (viele Einspielungen Karajans bestanden mehr oder weniger aus der Aneinanderreihung einzelner Takes), andererseits hätte er auch mit Gould gesagt: »Gutes Kleben baut gute Linien auf.« Gould sah die Einwände gegen das Schneiden in der Annahme verwurzelt, daß der Mensch »sein eigener bester Anwalt« sei – die am wenigsten gerechtfertigte Annahme der Nachrenaissance-Ära, wie Gould hinzufügt –, woraus der Glaube folge, ein manipulativer Kunstgriff sei wenn nicht unmoralisch, dann zumindest »antihuman«.[23]

Die moralische Entrüstung über den Einsatz einfacher Hilfsmittel ist noch nicht abgeebbt. In der schon erwähnten BBC-Sendung *The Price of Perfection* wurden die Erinnerungen des tief gekränkten ehemaligen ersten Flötisten des Philharmonia Orchestra, Gareth Morris, zitiert. Im November 1952 spielte Karajan Bachs *h-Moll-Messe* ein, damals eine gefeierte Aufnahme. Wohlgestaltet, feurig und flüssig, wie sie war, führte sie von dem barbarischen Bach-Stil des 19. Jahrhunderts weg zur sogenannten

authentischen Aufführungspraxis. Alec Robertson be-
grüßte in *Gramophone* die Platte als »Meilenstein in der
Geschichte der Schallplatte«. Zum Erfolg der Platte trugen
nicht zuletzt die obligaten Bläser bei, unter ihnen Morris
höchstpersönlich, der in einem mit langem Atem vorgetra-
genen ergreifenden Flötensolo im »Domine Deus« bril-
lierte. Um eine große Linie zu erreichen und allzu stören-
des Atemholen zu vermeiden, engagierte Karajan einen
zusätzlichen Flötisten, der eine der berüchtigten Schnitt-
stellen überspielen sollte. Morris hat Karajan dieses Täu-
schungsmanöver, das er bis zum heutigen Tag als einen
Frevel an der Musik ansieht, nie verziehen. Eine derartige
»Skandal«-Geschichte eignete sich natürlich ganz gut für
eine schlecht recherchierte Dokumentarsendung, die sich
an die ziemlich tendenziöse Prämisse ihres Titels hielt; daß
gerade sie in den Mittelpunkt gestellt wurde, zeigt wieder
einmal, wie schlampig und oberflächlich die Denkweise
der musikalischen Moralapostel in solchen Fragen sein
kann.

Trotz seines beständig wachsenden und sich verändern-
den Repertoires hieß es, Karajan hätte sich nur deswegen
der Aufnahmetechnik zugewandt, weil sein Interesse an
der Musik selbst erlahmt sei. Culshaw, der Karajan besser
kannte als alle Neunmalklugen zusammengenommen,
stellte fest, daß Karajan niemals an einer Interpretation
um ihrer selbst willen interessiert war – was vielleicht
erklärt, weshalb seine Interpretationen die der »selbst-
bezogeneren« Konkurrenten häufig überdauerten –, daß
er folglich offen war für neue Projekte musikalischer, tech-
nischer und wissenschaftlicher Art und die Aufmerksamkeit auf sie richtete, bis ihn äußere Umstände oder neue
Ideen auf das Repertoire zurückbrachten, das er schon mit
anderen Orchestern und mit anderen technischen Mitteln
eingespielt hatte. Mitte der siebziger Jahre war Karajans

Einfluß so groß, daß er bei der tiefgreifendsten musiktech-
nischen Umwälzung unserer Zeit eine zentrale Rolle
spielte: der Umstellung von der Langspielplatte auf Compact Disc.

Die Entwicklung der CD-Technologie war schon weit
vorangeschritten, doch das Experiment mit Quadrophonie war fehlgeschlagen, und die Technologie des Video-
bands steckte in einer Sackgasse. Der mit Karajan eng be-
freundete Sony-Chef Akio Morita war der Ansicht, mit
der Markteinführung der CD müsse man warten, bis die
Zeit reif sei. In dieser Situation erwies sich Karajan als die
treibende Kraft. Während die Plattengesellschaften die
Hände in den Schoß legten und in der Furcht vor einem
ähnlichen Fiasko wie bei der Quadrophonie verharrten,
erklärte Karajan – nachdem er sich von der Funktionsfä-
higkeit der neuen Technik überzeugt hatte –, daß er mit
keiner Firma neue Plattenverträge abschließen würde,
wenn sie sich nicht darum bemühte, die CD so bald wie
möglich auf den Markt zu bringen. Eine von Karajans
Plattenfirmen ging darauf nicht ein, aber die Deutsche
Grammophon/Polygram-Gruppe wagte den Sprung. Bei
den Osterfestspielen 1981 gaben die Herbert-von-Kara-
jan-Stiftung in Salzburg, Sony, Philips und Polygram gemeinsam die unmittelbar bevorstehende Einführung der
CD bekannt. Der Rest ist Geschichte.

Noch bevor die CD zum Verkauf kam, setzte Karajan
eine weitere Neuerung in Gang. Spätestens seit dem Ende
des Zweiten Weltkriegs hatte er die Verfilmung von Musik
als Herausforderung betrachtet. Jetzt, vierzig Jahre später,
stand ihm endlich die Technik zu Gebote – CD-Video mit
Laserabtastung –, die den optimalen Klang und die optimale Bildauflösung gewährleistete, in Form einer überall
leicht abspielbaren Scheibe, die Anfang der neunziger
Jahre die Langspielplatte überholt haben würde. Die

Produktion von rund fünfzig Filmen würde zwar ihre Zeit dauern, doch Karajan lag gut im Rennen. Seine einzige Sorge war damals, ob er den Abschluß der Arbeit, die er sich nun zur Lebensaufgabe machte, noch miterleben würde. Es wurden unerwartet harte Jahre für ihn. 1982 weigerte sich das Berliner Philharmonische Orchester, die Klarinettistin Sabine Meyer einzustellen. Weiter zurückliegende Zwistigkeiten flammten wieder auf. Später trat die Presse die Strategien für die Markteinführung der Filme breit. Doch Karajan bewies einen übermenschlichen Willen, wenn es um Musik ging, und er hatte immer einen Trumpf in der Hand: die Fähigkeit, sich innerlich zu distanzieren, so daß er frei von Groll und Haß blieb bei allem, was im Lauf der Jahre über ihn gesagt und geschrieben worden war. Als ich ihn im März 1988 in seinem Haus bei Salzburg wiedersah (das erstemal seit 1982), um anläßlich seines achtzigsten Geburtstags Radio- und Fernsehinterviews aufzuzeichnen, fand ich ihn unverändert vor, höflich und zuvorkommend wie eh und je, ruhig und gesetzt. Karajan war sicher kein Heiliger, hatte aber eine Engelsgeduld. 1988 hatte er seine Mission fast erfüllt.

Den letzten Schliff im Filmemachen holte er sich während der sechziger Jahre bei dem französischen Regisseur Henri Georges Clouzot. Schon 1969 freute sich Gould, der einige der frühen Karajan/Clouzot-Verfilmungen von Chor- und Orchestermusik gesehen hatte, über ihre Widerlegung der »Psychologie des Proszeniums«.[24] In seiner Verachtung für Konzertsaal-Konventionen unternahm Karajan den realistischen Versuch, Musik auf Film zu bannen. Im 6. Kapitel der nachfolgenden Gespräche dürfte klarwerden, daß hier etwas von ganz besonderer Bedeutung versucht worden ist: Zum erstenmal in der Geschichte hat ein großer Interpret die Sichtbarmachung seiner Musik selbst in die Hand genommen – einer neuen Generation von Musikfreunden zum Gewinn.

Es handelt sich um ein typisch Karajansches Projekt: einerseits höchst kompliziert – die Technik umfassend, kostspielig und auf dem allerneuesten Stand –, andererseits bestechend einfach, weil das Ziel nicht mehr und nicht weniger als eine luzide Darbietung von Musik ist. Selbstverständlich legt es auch Zeugnis ab von seiner Dirigiertechnik der letzten Jahre; es ist sein Vermächtnis. Außerdem dokumentiert es die Arbeit eines der größten Orchester. Als ich mir die Filme ansah, ertappte ich mich dabei, daß ich weder Karajan noch das Orchester beobachtete, sondern über Dinge in *Don Quixote* und Brahms' *2. Symphonie* staunte, die mir nie zuvor ins Bewußtsein gedrungen waren. Diese Filme sind hochinteressante Dokumente. Mehr noch: Da Karajan in erster Linie ein großer Musiker war, hilft er uns als Filmemacher dabei, die Art und Weise, wie wir Musik hören, zu verfeinern.

Richard Osborne

Herbert von Karajan
im Gespräch mit Richard Osborne

1. Kapitel
Die prägenden Jahre

OSBORNE: Ihr erstes öffentliches Konzert als Dirigent gaben Sie am 22. Januar 1929 in Salzburg, nachdem Sie die Dirigentenklasse an der Wiener Hochschule für Musik absolviert hatten. Sie organisierten das Konzert selbst, nicht wahr?

KARAJAN: Ja, mit Unterstützung von ein, zwei Freunden. Mein Vater spielte als Klarinettist im Orchester mit; er war ein guter Amateurmusiker, sein Lieblingsinstrument war die Baßklarinette. Bis zu diesem Zeitpunkt hatte ich nur begrenzt Gelegenheit gehabt zu dirigieren, und ich wollte endlich einmal ein richtiges Konzert leiten. Das Mozarteum-Orchester kannte ich schon, weil ich früher als Pianist mit ihm zusammen aufgetreten war. Ich hatte mir in Salzburg bereits einen Namen gemacht, so daß wir keine Schwierigkeiten mit dem Kartenverkauf hatten. Das Publikum war neugierig darauf, was ich konnte.

OSBORNE: Was stand denn auf dem Programm?

KARAJAN: Strauss' *Don Juan*, ein Mozart-Klavierkonzert mit einer ganz jungen Solistin – sie hieß Pessl und ging später in die USA – und Tschaikowskis *5. Symphonie*.

OSBORNE: War das Konzert ein Erfolg? [1]

KARAJAN: Das will ich wohl meinen. Unmittelbar danach wurde mir eine Stelle am Ulmer Stadttheater angeboten.

OSBORNE: Walter Legge erzählte gern die Geschichte – vermutlich als Paradebeispiel für Ihr musikalisches Können wie auch für Ihr taktisches Geschick –, daß Sie in Wien für die Abschlußprüfung die Ouvertüre zu Rossinis *Wilhelm Tell* ausgewählt und als erstes alle Musiker außer den Cellisten weggeschickt hätten, um zu zeigen, was Sie mit diesen allein in den Anfangstakten machen konnten.[2]

KARAJAN: Das stimmt nicht ganz. Wir hatten gar nicht genug Zeit, unsere Fähigkeiten – welche auch immer – so wirkungsvoll zu präsentieren. Die meisten Studenten redeten wie ein Wasserfall, weil sie damit die Professoren zu beeindrucken hofften. Ich wollte mich auf das Ende der Ouvertüre konzentrieren, das Allegro vivace. Das Orchester spielte nie im Takt, deshalb übten wir es in einem langsameren Tempo. Wir wurden vom Leiter der Musikhochschule geprüft, Franz Schmidt, der sein Amt eben erst angetreten hatte.[3]

OSBORNE: Seit 1918, als Sie kaum zehn Jahre alt waren, traten Sie in Salzburg in öffentlichen Konzerten als Pianist auf, später sogar mit Mozart-Klavierkonzerten und den *Ungarischen Rhapsodien* von Liszt. Außerdem wurden in Ihrem Elternhaus jahrelang Hausmusikabende veranstaltet.

KARAJAN: Mein Bruder und ich durften von klein auf daran teilnehmen, obwohl diese Abende sich manchmal bis in die frühen Morgenstunden hinzogen.[4] Mein Vater war Arzt am Salzburger Landeskrankenhaus und wurde manchmal noch sehr spät abends weggerufen. Es kam überhaupt nicht in Frage, weiterzuspielen, solange er weg war. Also mußten wir warten, bis er zurückkam. Ich habe bei uns zu Hause viele Leute kennengelernt, darunter viele wirklich fähige – dafür bin ich heute noch dankbar.

OSBORNE: Ihr Vater nahm das Musizieren und Ihre musikalische Ausbildung sehr ernst. Wurden Sie recht an die Kandare genommen?

KARAJAN: Mein Vater war nicht gerade begeistert, wenn

Karajans Geburtshaus am Makartsteg in Salzburg.

er früher als erwartet vom Krankenhaus heimkam und
sah, daß wir ausgeflogen waren. Alkohol, Mädchen und
dergleichen waren tabu. Meine Mutter war eine Seele von
Mensch, sie liebte Musik, besonders Wagner. Doch unsere
Eltern hatten es bestimmt nicht ganz leicht mit meinem
Bruder und mir, zumal wir uns in einer Art Geheimsprache
verständigten, die keiner je entschlüsseln konnte.

OSBORNE: Sie gingen zur Schule, trieben Sport und waren
viel in den Bergen. Musik stand aber immer obenan.

KARAJAN: Ich übte täglich drei bis vier Stunden Klavier,
bis eine Sehnenscheidenentzündung mich zwang, damit
aufzuhören.

OSBORNE: Sie waren wohl schon damals ein »workaholic«?

KARAJAN: Ich wollte auch außerhalb Salzburgs Karriere
machen. Also hieß es arbeiten, arbeiten und nochmals arbeiten.

OSBORNE: Als Student in Wien waren Sie offenbar hoch
motiviert, erhielten allerdings gerade im Dirigieren sehr
wenig Unterricht.

KARAJAN: Mein Klavierlehrer, Professor Hofmann —
nicht der berühmte Pianist, sondern ein anderer —, hatte
mir geraten, Dirigent zu werden. Ursprünglich leitete Clemens Krauss die Dirigentenklasse, er gab sie dann an einen
gewissen Professor Wunderer ab, ein Mitglied der Wiener
Philharmoniker, der sich zwar fürs Dirigieren interessierte, aber nicht viel Ahnung davon hatte. So waren wir
auf uns allein gestellt. Wir trafen uns regelmäßig, um die
Werke durchzuspielen, die am nächsten Tag in der Oper
aufgeführt werden sollten: zwei Klaviere, vier Pianisten,
einige Sänger und ein kleiner Chor. Wir improvisierten unsere eigenen Aufführungen und wechselten uns beim Dirigieren ab.

OSBORNE: Sie müssen schon damals überall großen Ein-

Karajans Vater.

Karajans Mutter.

*Karajan mit seinem Bruder Wolfgang
und zwei Freunden vor seinem Elternhaus in Salzburg, 1919.*

druck gemacht haben. In Gregor von Rezzoris Erzählung *Treue* hat die musikliebende Minka Raubitschek oft einen begabten jungen Mann namens Herbert von Karajan als Klavierspieler für ihre Partys bei sich zu Hause.[5] Kannten Sie Gregor von Rezzori?

KARAJAN: Ich kann mich gut an ihn erinnern, aber erst aus späterer Zeit – München, glaube ich.

OSBORNE: Der Unterricht in der Dirigentenklasse mag armselig gewesen sein, dafür war das Opern- und Konzertleben in Wien damals um so reicher. Haben Sie Richard Strauss, Clemens Krauss und Furtwängler hören können?

KARAJAN: Ich ging regelmäßig in die Oper und in den Musikverein. Mein Onkel war Hausinspektor an der Oper und hatte daher für jede Veranstaltung zwei Freikarten. Ich bekam sogar viel experimentelle Musik zu hören. Wenn Webern seine Konzerte für Studenten leitete, steckte ich oft unversehens im größten Tumult.

OSBORNE: Zur Oper: Mahler war ja längst nicht mehr da, aber haben Sie noch etwas von Roller gesehen?[6]

KARAJAN: Natürlich nicht die frühen Sachen, doch viele seiner Produktionen im Salzburg der zwanziger Jahre. Sie waren großartig; besonders denke ich an einen *Don Giovanni* mit Duhan in der Titelrolle.[7]

OSBORNE: An diesem *Don Giovanni* waren verschiedene Dirigenten beteiligt: erst Richard Strauss, dann Muck und schließlich Schalk. – Wie oft haben Sie Schalk eigentlich damals erlebt?[8]

KARAJAN: Von ihm habe ich eine Menge gelernt. Nach außen hin gab er sich sehr nüchtern. Für Proben hatte er nicht viel übrig, aber er war ein guter Musiker. Ich weiß nicht, ob man ihn im Ausland überhaupt kannte, in Österreich jedenfalls war er berühmt für seinen Witz. Einmal, bei einer Probe des *Don Giovanni*, erschien Duhan in einem recht bizarren Kostüm auf der Bühne. Schalk saß

*Clemens Holzmeisters Bühnenbild in der Felsenreitschule für
Goethes* Faust *zu den Salzburger Festspielen 1933.*

*Max Reinhardt (links) mit Bernhard Paumgartner bei einer
Probe zu* Faust *für die Salzburger Festspiele 1933.*

am Klavier. Still und leise spielte er ein Zitat aus einer Oper, das alles besagte. Meiner Ansicht nach war sein Humor bis zu einem gewissen Grad Maske. Wer Schalk nicht mochte, hielt ihn für sarkastisch, mir dagegen erschien er immer äußerst feinfühlig und kompetent.[9]

OSBORNE: Max Reinhardt war der Spiritus rector der Theaterszene.[10] Haben Sie irgendwann mit ihm zusammengearbeitet?

KARAJAN: Ich konnte ihm dauernd bei der Arbeit zusehen. Ich war da schlichtweg Mädchen für alles: dirigieren, einstudieren und Chorproben abhalten. Reinhardt wußte, daß man nie und nimmer den Charakter eines Sängers so verändern kann, daß er in eine bestimmte Rolle paßt. Wenn man das versucht, hat man letzten Endes nur sein eigenes Spiegelbild vor sich.

OSBORNE: Gibt es noch andere Regisseure, die Sie damals bewunderten?

KARAJAN: Felsenstein — das war allerdings später, in Aachen.[11] Ich erwähne ihn vor allem deshalb, weil er erfaßt hatte, daß die Oper Spannungsmomente enthält, in denen man ausschließlich nonverbale Ausdrucksmittel einsetzen muß. Viele Regisseure, die vom Theater zur Oper kommen, haben überhaupt kein Gespür für diese Form des menschlichen Ausdrucks.

OSBORNE: Der *Falstaff* in Aachen sollte Ihre einzige Zusammenarbeit bleiben.

KARAJAN: Die erste und letzte. Was mir an Felsenstein weniger gefiel, war sein Bemühen, jede Rolle nach dem Bild, das er sich von ihr gemacht hatte, zu formen und auszufeilen. Zu guter Letzt spazierten elf Felsensteins auf der Bühne herum. In dieser Hinsicht war er genau das Gegenteil von Reinhardt.

OSBORNE: Von ein paar Ausnahmen abgesehen, haben Sie eigentlich keinem Regisseur so recht getraut.

Gustaf Gründgens bei der Probenarbeit.

KARAJAN: Wenn man wie ich ein Stück jahrelang dirigiert hat, kennt man seine innersten Strukturen, die den Theaterregisseuren meist verschlossen bleiben.

OSBORNE: Bildete Gründgens da eine Ausnahme?[12]

KARAJAN: Er war einer der interessantesten Menschen, mit denen ich in jungen Jahren zu tun hatte. Ein durch und durch musikalischer Mensch. Und er hatte eine präzise Vorstellung von der Interaktion der Figuren auf der Bühne. An der Kroll-Oper in Berlin kam es zu einer sehr gelungenen Zusammenarbeit bei Mozarts *Zauberflöte*, die er schon seit Jahren aufführen wollte.[13] Papagenos Sinnlichkeit wurde durch die Beziehung zu seinen beiden Antitypen, Pamina und Tamino, ausgeleuchtet.

OSBORNE: Gründgens hatte schon unter Klemperer mit zwei Mozart-Inszenierungen an der Kroll-Oper Aufsehen erregt. Klemperer fand die Inszenierung von *Così fan tutte* anscheinend zu gekünstelt. Er lehnte in diesem Fall praktisch jede Bühnenhandlung ab.

KARAJAN: Ich würde es überhaupt nicht auf die Bühne bringen. Die Musik ist herrlich, aber im Theater – offen gesagt, nicht ganz mein Geschmack.

OSBORNE: Die Inszenierung von *Figaros Hochzeit*, die Gründgens 1931 zusammen mit Klemperer machte, soll politisch sehr brisant gewesen sein. Trotzdem wurde Gründgens später auf Betreiben Görings Intendant des Berliner Staatlichen Schauspielhauses.

KARAJAN: Gründgens betrachtete die Nazis mit einiger Skepsis. Ich weiß noch, wie er bei den Proben zur *Zauberflöte* den Sarastro wegen seines salbungsvollen Tons rüffelte, der bestenfalls – so Gründgens – auf Schulungsveranstaltungen der Partei paßte.

OSBORNE: Ihre Laufbahn nahm nun aber nicht in Berlin ihren Anfang, sondern in Ulm, und zwar in einem winzigen Theater.

KARAJAN: Die Bühne war vielleicht sechs Meter breit, etwa so groß wie ein Wohnzimmer.

OSBORNE: Und das Orchester war genauso winzig. Was studierten Sie denn als erstes ein?

KARAJAN: *Figaros Hochzeit.* Nach dem Salzburger Konzert hatte man mir vorerst nur ein Probedirigat angeboten, eine einzige Aufführung eines Werks, das jemand anders einstudiert hatte. Ich sagte: Unmöglich! Wenn ich mein Können zeigen soll, muß ich Gelegenheit zu einer eigenen Einstudierung bekommen. Dann fiel irgend jemand aus, und der *Figaro* wurde wirklich voll und ganz mir übertragen. Selbst mit einem kleinen Orchester kann Mozart schön klingen. Verdi übrigens auch.

OSBORNE: Tatsächlich scheint Sie weder das unterbesetzte Orchester noch die kleine Bühne davon abgehalten zu haben, auch aufwendigere Werke von Verdi aufzuführen, den *Maskenball* zum Beispiel, auf den Sie jetzt, nach fünfzig Jahren, wieder zurückgekommen sind – sogar Wagner und Strauss. Mit was für Sängern hatten Sie denn in Ulm zu tun?

KARAJAN: In einem Theater dieser Größenordnung fehlten natürlich gute junge Baß- und Baritonstimmen, dafür gab es jede Menge frische, unverdorbene Sopranstimmen. Viele waren nur auf Zeit verpflichtet. Als ich den *Rosenkavalier* machen wollte, kam der Sänger des Ochs zu mir und sagte: »Ich habe diese Partie aber noch nie gesungen.« Ich antwortete, dann würde ich sie eben mit ihm einüben. Wie sich herausstellen sollte, konnte er überhaupt keine Noten lesen.[14] Also erarbeiteten wir die Partie am Klavier – in über hundert Proben. Wenn mich heute jemand um drei Uhr morgens aus dem Schlaf reißen und mir irgendeinen Takt aus dem *Rosenkavalier* vorsingen würde, könnte ich vom Fleck weg weitersingen! Unser großes Vorbild für die Rolle war Mayr.[15] Er hat allen Nuancen der Figur nachgespürt – das war unendlich faszinierend.

Karajan während seiner Zeit in Ulm.

OSBORNE: Es gibt Auszüge davon auf Platte, unter Heger, glaube ich.

KARAJAN: Ja, aber ich denke an Mayr unter Clemens Krauss. Eine meisterhafte Umsetzung des Werks.

OSBORNE: Die Arbeit in Ulm war auf der einen Seite eine Plackerei, auf der anderen sicher eine gute Schulung.

KARAJAN: Wir bauten alles aus dem Nichts auf: keine Schallplatten, nur die Partitur, nur das, was wir dem Klavier entlocken und Sängern wie Mayr in der Oper ablauschen konnten. Damals mußte man fünfzehn Jahre Berufspraxis hinter sich haben, bevor einen überhaupt jemand zur Kenntnis nahm.

OSBORNE: Auf die Frage, wie ein junger Dirigent am besten geschult wird, wollen wir noch zurückkommen. Zunächst aber möchte ich Sie gern über Ihre Jahre in Aachen befragen. Der Ablauf der Dinge ist ja allgemein bekannt.[16] Der Ulmer Intendant eröffnet Ihnen, Sie seien für Höheres bestimmt – und kündigt Ihnen. Monatelange Arbeitslosigkeit. Dann wie ein Geschenk des Himmels die Stelle in Aachen – obwohl man mit siebenundzwanzig Jahren als viel zu jung für solch einen Posten im deutschen Musikbetrieb galt. Worin lag, abgesehen von der Anstellung als solcher, der Reiz des Aachener Postens?

KARAJAN: Hauptsächlich darin, daß ich mit einer sehr guten Chorvereinigung arbeiten konnte. Zum einen habe ich eine besondere Vorliebe für Chormusik, zum andern war es mir so möglich, meine Ausbildung zu vervollkommnen.

OSBORNE: Mit Ihrem Interesse für Werke wie die *h-Moll-Messe* von Bach, Beethovens *Missa solemnis* und halbgeistliche Werke wie Bruckners *5. Symphonie* sollen Sie sich bei gewissen Parteigrößen nicht gerade beliebt gemacht haben.

KARAJAN: Man bot mir gar keine vergleichbaren Werke

als Alternative an, daher waren solche Bedenken völlig ir-
relevant. Ich stand vor einem ganz anderen Problem: Wie
den Chor dazu bringen, diese schwierigen Werke zu bewältigen? Ich erinnere mich an unzählige Proben, jeweils
sechzig, siebzig für Bach und Beethoven. Ich habe berühmte Dirigenten bei der Aufführung dieser Werke be-
obachtet, und vom bloßen Zusehen weiß ich, daß sie an
bestimmten Stellen den Überblick verloren haben und es
mit der Angst zu tun bekamen.

OSBORNE: Gab es Chorleiter, die Sie besonders schätzten?

KARAJAN: Serge Jaroff faszinierte mich.[17] Er verließ Rußland kurz nach der Revolution. Auch die Mitglieder seines
späteren Männerchors, der sich Donkosakenchor nannte,
waren alles Emigranten. Jaroff hatte eine ganz eigene
Technik. Die Sänger stellten sich dicht nebeneinander auf.
Er gab den Ton an, schlug einige Takte lang den Rhythmus, und dann – das verblüffte mich immer wieder – setzte
der Chor mit einem unglaublich kraftvollen Klang und zugleich mit höchster Präzision ein. Ich besuchte alle seine
Konzerte, um herauszufinden, wie er das fertigbrachte.

OSBORNE: Haben Sie in Ulm oder auch in Aachen Ihre
lebenslange Aversion gegen kleine Theater entwickelt?

KARAJAN: Seit damals überfällt mich auf kleinen Bühnen
jedesmal Klaustrophobie.

OSBORNE: Und eine Bürokratenphobie, eine Theater-
leiter- und Politikerphobie, eine Tietjen- und Hilbert-Pho-
bie...?[18]

KARAJAN: Es gibt nur eine Macht auf dieser Welt, die ich
wirklich fürchte, und das ist der heilige Bürokratius. Aus
diesem Grund habe ich auch meine eigenen Osterfestspiele
ins Leben gerufen. Leider bin ich nicht zum Gehorchen
geboren.

OSBORNE: Sie haben das Salzburger Festspielhaus mit

entworfen.[19] Entspricht das fertige Haus nun Ihren Vorstellungen?

KARAJAN: In Salzburg verfügen wir nicht nur über eine
gute technische Ausrüstung, sondern auch über das erfor-
derliche Personal. Dort hat jeder, der sein Handwerk versteht — sei er Bühnen- oder Beleuchtungstechniker —, die
Möglichkeit, seine Fertigkeiten unter Beweis zu stellen. Ich
fragte einmal meinen Bühnenmeister, was passieren
würde, wenn ich plötzlich ein unerwartetes Ritardando
spielen ließe. Er erwiderte: »Aber Herr Karajan, glauben
Sie etwa, ich höre nicht, was Sie machen? Bei einem Ritardando würde ich entsprechend verlangsamen — ganz
einfach!« Über das neue Festspielhaus ist schon viel dum-
mes Zeug geschrieben worden. Nun, erstens kann man
überall die ganze Bühne übersehen — selbst heute noch
werden Häuser gebaut, in denen man von manchen Sitzen
aus nur die Hälfte der Bühne sieht. Zweitens hat es eine
wunderbare Akustik, von der sowohl der Dirigent als auch
die Zuhörer profitieren. Das gilt für Opern wie für Konzerte, insbesondere für Chorkonzerte. Manche Häuser,
zum Beispiel die Scala, eignen sich vorzüglich für Opern,
sind jedoch für Konzerte völlig unbrauchbar. Mit unserer
Bühne und unseren Werkstätten — weltweit die besten —
können wir wirklich überzeugende Bühnenbilder herstel-
len; und die haben wohlgemerkt nicht das geringste mit
diesen modernen Inszenierungen gemein, die durchweg im
Widerspruch zu der jeweiligen Musik stehen.

OSBORNE: Ich kann mich nicht erinnern, in den letzten
zwanzig Jahren irgendwo phantasiereichere und schönere
Bühnenbilder gesehen zu haben. Sie sind in verschiedenen
Bildbänden zu bewundern.[20] Ich finde es nur schade, daß
sie bisher nicht einem breiteren Opernpublikum zugäng-
lich gemacht wurden.

KARAJAN: Vor Jahren träumte ich noch davon, daß die

großen Opernhäuser eines Tages einen viel regeren Aus-
tausch pflegen würden. Wir brachten den *Ring* nach New
York an die Metropolitan Opera; das war allerdings nur
ein Teilerfolg, weil es Probleme mit dem Orchester gab…
und vielleicht habe ich mich – rückblickend – bei den Verhandlungen mit Mr. Bing nicht entgegenkommend genug
verhalten.[21] Doch im allgemeinen wurde die Idee einer Kooperation zwischen den verschiedenen Opernhäusern
nicht begrüßt. Also sagte ich mir: Nun gut, ich habe hier in
Salzburg etwas Eigenes geschaffen, wer es sehen will, muß
sich eben die Mühe machen, herzukommen.

OSBORNE: Zu den vielberedeten Besonderheiten des
neuen Salzburger Festspielhauses gehört auch, daß der Or-
chestergraben auf Knopfdruck gehoben oder gesenkt werden kann. Man monierte in diesem Zusammenhang eine
gelegentliche Unausgewogenheit der Klangverhältnisse.

KARAJAN: Unsinn! Allenfalls habe ich den Musikern damit gedroht, daß ich sie, wenn sie zu laut spielten, einfach
zehn Zentimeter herunterlassen würde und daß sie, wenn
sie so weitermachten, gegen Ende des ersten Akts wahrscheinlich im Keller angelangt wären. Wie dem auch sei: es
ist wichtig, daß sich Sänger und Instrumentalisten bei
Probe und Konzert gegenseitig hören. Ein Bläsersolo ist
für das musikalische Geschehen manchmal genauso wichtig wie eine Gesangspassage, und wir können beiden zu
ihrem Recht verhelfen. Wirkliche Probleme verursachen
die Streicher, die mit einem satten, vollen Klang einen Sänger unter Umständen zudecken. Aber ich kann siebzig
Streicher durchaus pianissimo klingen lassen. Als wir den
Ring aufführten, sprach man sogar von Kammermusik.
Diese Kennzeichnung finde ich falsch: Es war das Wagner-
Orchester in all seiner Klangfülle, mit der gesamten Band-
breite der dynamischen Abstufungsmöglichkeiten.

OSBORNE: Ich habe es noch deutlich im Ohr. Was ich mir

heute nicht mehr erklären kann, ist, wie ich es als Student geschafft habe, Karten für *Rheingold* und *Walküre* bei den ersten Osterfestspielen zu ergattern.

KARAJAN: Wahrscheinlich haben Sie davon profitiert, daß die Karten damals so hoch subventioniert wurden. Im ersten Jahr erzielte ich einen Überschuß von einigen hundert Schillingen!

OSBORNE: Als Sie, ich glaube 1937, an die Wiener Staatsoper kamen, machten Sie erstmals Bekanntschaft mit den Schattenseiten des Opernbetriebs.

KARAJAN: Es ging um *Tristan*. Bruno Walter hörte sich die Aufführung an, und hinterher wurde mir die Stelle des ersten Kapellmeisters angeboten. Aber ich sagte ihnen offen, daß ich in Aachen besser aufgehoben sei. Man hatte mir drei Proben zugesagt plus Einzelproben mit den Sängern. Eine Probe verloren wir, weil Rossinis *Barbier* abgesetzt und statt dessen *Lohengrin* angesagt war. Dann hatten die Philharmoniker mit irgendeinem Stück Probleme und forderten eine Sonderprobe. Zum Schluß war es glücklich eine einzige Probe, und da kam nun Professor Rosé, damals Konzertmeister der Philharmoniker, zu mir und sagte: »Bitte schön, Sie haben doch eh nur noch eine Probe. Mit einer Probe allein erreichen Sie gar nichts. Warum lassen Sie die nicht sausen? Wir stehen dann ganz in Ihrer Schuld und werden spielen, als wären Sie Mahler persönlich.« Vielleicht sagte er auch Toscanini. Nicht zu fassen, was?

OSBORNE: Und die Sänger?

KARAJAN: Die erste Sopranistin war auf der Probe damit beschäftigt, ihre Post zu erledigen. Nun, diese Erfahrung hat mich schon am Anfang meiner Karriere gelehrt, daß es so nicht geht. In Mailand, in London mit Walter Legge, in Wien und jetzt in Salzburg korrepetiere ich selbst. In all den Jahren habe ich ungezählte Stunden mit den unterschiedlichsten Sängern verbracht. Nur so können sie sich überhaupt entfalten. Doch dann gehen sie wieder ihrer Wege und singen, wo niemand mit ihnen arbeitet, und ihre Stimme ist vielleicht in kürzester Zeit ruiniert.

OSBORNE: Haben Sie damals auch die großen Dirigenten außerhalb Deutschlands und Österreichs kennengelernt?

KARAJAN: Viel gehört habe ich Talich.[22] Man könnte sogar sagen, daß er maßgeblichen Einfluß auf mich ausgeübt hat. Er war eine starke Persönlichkeit: Er hatte die Gabe, das Orchester zu einer Einheit zu verschmelzen, es wie ein einziges ausdrucksvolles Instrument zu behandeln. Das fesselte mich, zumal es mir damals noch nicht gelang, etwas Ähnliches zuwege zu bringen – ich versuchte es, aber es ging nicht. Deshalb hat Talich so großen Eindruck auf mich gemacht – ich ahnte, daß ich jahrelang darauf hinarbeiten mußte.

OSBORNE: Talich klingt so, als stünde er in der Tradition von Hans Richter.

KARAJAN: Wohl mit besseren Ergebnissen im Orchesterspiel. Ich sollte einmal in Mannheim ein Konzert dirigieren, in dem der Pianist Frederic Lamond mitwirkte.[23] Auf dem Programm stand die *4. Symphonie* von Brahms, und bei der Probe erzählte Lamond: »Übrigens habe ich Brahms gekannt, und ich habe ihn auch dieses Werk dirigieren hören.« Sie können sich vorstellen, wie das auf mich wirkte. Ich erstarrte vor Ehrfurcht. Später wurde ein Empfang gegeben. Lamond, der auch da war, sagte mir schließlich im Vorübergehen: »Aber eigentlich war es gar nicht so schön, wie man meinen möchte!« Auch die damalige Zeit wird ihr Gutes gehabt haben, doch ich nehme an, daß man manches, könnte man es heute hören, einfach unerträglich finden würde.

OSBORNE: Was ist mit Mengelberg?[24] Er war wie Stokowski ein legendärer Orchesterdidaktiker und zeigte schon früh Interesse für die Schallplatte.

KARAJAN: Ihn habe ich einmal eingeladen, in Aachen zu dirigieren. Ich bereitete das Orchester gründlich vor, besonders auf seine Späße und Reden in wohlgesetzten Worten, über die sie sich gütigst amüsiert zeigen sollten. Als er ankam, fragte er: »Wieviel Mann hat das Orchester?« – »108.« – »Du lieber Himmel, dann muß ich alles 108mal sagen, weil mir kein Mensch zuhören wird…« Zur Antwort lachte alles wie auf Kommando. Mengelberg sorgte für eiserne Disziplin. Zu Beginn der Probe sah er einen Geiger in nachlässiger Haltung spielen, die Geige zeigte mit dem Hals zum Boden. »Für wen spielen Sie da eigentlich, mein Freund? Bitte geigen Sie in die richtige Richtung!«[25]

OSBORNE: Mir ist bekannt, daß Sie – wie ein Großteil der Konzertbesucher und Plattensammler – von dem »schlanken« Klang der heute sehr verbreiteten Aufführungspraxis mit historischen Instrumenten nur mäßig begeistert sind. Aber Ihre Aufführungen der *h-Moll-Messe* in den dreißiger und vierziger Jahren wurden als beinahe revolutionär angesehen, und zwar aufgrund der mitreißenden Rhythmen und der schlanken beziehungsweise straff durchstrukturierten Stimmführung.

KARAJAN: Man mußte erst einmal von dem Wirtshausstil wegkommen, in dem diese Werke damals dargeboten wurden. Hier konnte ich etwas Neues entwickeln, als ich zum Leiter auf Lebenszeit des Wiener Singvereins ernannt worden war. Die Aufführungen mit historischen Instrumenten, die ich in letzter Zeit gehört habe, kranken alle an einer technischen Schwierigkeit: Es klingt nie ganz sauber. Doch ich bin durchaus auch schon auf interessante Sachen gestoßen. Problematisch sind Stücke wie das »Quoniam« der *h-Moll-Messe* mit dem Hornpart, der auf einem modernen Instrument heikel ist. Ich kenne eine Fassung von Schreier, die mir sehr gut gefällt. Dann gibt es

eine von Rifkin mit acht Solostimmen. Vielleicht sollte
man einen Mittelweg einschlagen. Das Stück darf nicht zu
wuchtig geraten, braucht aber wiederum ein gewisses Ge-
wicht. Mir schweben Aufführungen mit je zwei Sopran-
und Baßstimmen vor, die sich die Arien teilen, damit die
verschiedenen Stimmlagen abgedeckt sind. Ich habe mir
den wunderbaren jungen Sänger aus Dresden angehört,
Olaf Bär, und ihn gefragt, wie gut sein Pianissimo ist. »Ich
kann so leise singen«, antwortete er, »daß Sie aus zwei
Meter Entfernung nichts mehr von mir hören.«

OSBORNE: Sie bevorzugten von jeher junge Stimmen.
Schwarzkopf und Gedda bei der Einspielung der *h-Moll-
Messe* von 1952, die Sie teils in Wien mit dem Singverein,
teils – mit den Solisten – in London machten. In Mailand
im Juni 1950 hatten Sie die Schwarzkopf und Kathleen
Ferrier als Solistinnen.

KARAJAN: Ich erinnere mich gut daran. Niemand wird je
vergessen, wie sie damals gesungen hat, besonders das
»Agnus Dei«.[26]

OSBORNE: Dann Jurinac, Seefried…

KARAJAN: Die Seefried begann ihre Karriere mit mir in
Aachen.[27] Sie war eine der begabtesten Sängerinnen, mit
denen ich jemals zu tun hatte. Wir machten viele Produktionen zusammen, vor allem Mozart und Richard Strauss
– natürlich *Ariadne*. Irmgard Seefried starb vor kurzem,
und ich schrieb ihrem Mann, Wolfgang Schneiderhan,
einen langen Brief. Ich empfinde ihren Tod als großen Verlust, weil sie auch im Alter den Nachwuchssängern viel
Rat und Anregung geben konnte. Sie gehörte einer Sänger-
generation an, die sich durch schöne Stimmen und zugleich durch schauspielerische Glaubwürdigkeit auszeichnete. Sie machten alle gute Figur auf der Bühne. Für mich
ist das ein sehr wichtiger Aspekt. Als sich der Auffüh-
rungsstil in der Nachkriegszeit änderte, wurde es für einige

ältere Sänger schwierig, ähnlich wie für die Stummfilmstars nach der Einführung des Tonfilms. Ich muß daran denken, wie ich den *Rosenkavalier* mit der Schwarzkopf und anderen nach Mailand brachte. Als ich zur Probe kam, sagte der Konzertmeister: »Herr von Karajan, wir können leider nicht anfangen, die Sängerinnen sind noch nicht da.« – »Die sind doch auf der Bühne!« – »Was, das sind Sängerinnen? Ich dachte, das wären Ballettänzerinnen.«[28]

OSBORNE: Sie haben nach 1939 gelegentlich die Berliner Philharmoniker bei Schallplattenaufnahmen dirigiert, trotz Furtwänglers Eifersucht, außerdem die Berliner Staatskapelle und auch das Amsterdamer Concertgebouworkest. Zwischendurch mußten Sie sich während der Kriegsjahre mit weniger etablierten Orchestern begnügen, zum Beispiel mit dem Radiosymphonieorchester Turin. Wie kamen Sie damals mit Orchestern minderer Qualität zurecht?

KARAJAN: Ich hörte mit meinem inneren Ohr, was ich hören wollte, und der Rest... der fiel unter den Tisch. Trotzdem kann es manchmal passieren, daß das innere Ohr überrascht ist, was dabei herauskommt. Wenn sich ein großes Orchester nach einiger Zeit an seinen Leiter gewöhnt hat und alle ihr Letztes geben, bringen sie bisweilen Schöneres hervor, als man für möglich gehalten hätte. Doch dann beginnt die eigentliche Arbeit: das Orchester nach und nach auf einen immer höheren Stand zu bringen. Das erreicht man erst, wenn man mindestens fünfzehn oder zwanzig Jahre mit ein und demselben Orchester arbeitet. Deshalb habe ich 1955 darauf bestanden, die Berliner Philharmoniker auf Lebenszeit zu bekommen. Was lange währt, wird endlich gut.

OSBORNE: Hat die Arbeit mit zweit- und drittklassigen Orchestern nicht auch den Vorteil, daß sie dem Dirigenten ein gutes Übungsfeld bietet?

KARAJAN: Doch, das kann sehr lehrreich sein. Aus einem
schlechten Orchester ein leidlich gutes zu machen ist auf
jeden Fall verdienstvoll. Und weil alle Orchester, auch die
guten, immer die gleichen Fehler an den gleichen Stellen
machen, sammelt man dabei wertvolle Erfahrungen. Es
gibt hochbegabte Dirigenten, die mit einem Spitzenorchester nichts anfangen können. Sie gehen mit guten oder
auch sehr guten Orchestern wunderbar um, und bei Spit-
zenorchestern scheinen ihnen dann die Hände gebunden.
Es ist wie ein Fluch. Ich sehe es mit Besorgnis, wenn heute
ein junger Dirigent gleich zu den Wiener Philharmonikern
geht.[29] Wie ich seinerzeit den jungen Preisträgern sagte:
Hütet euch vor Selbstgefälligkeit – ihr seid zwar gut, aber
schon bald werde ich euch neue gute Leute auf den Hals
hetzen.[30] Wir alle wachsen im Wettbewerb über uns selbst
hinaus – ohne Konkurrenz passiert gar nichts. Mittlerweile ist eine neue Generation von Dirigenten nachgekom-
men, und das ist gut so, denn mancher von uns wird langsam ziemlich alt.

OSBORNE: Aus Ihren Dirigentenwettbewerben gingen
einige junge Talente hervor, angefangen mit dem finni-
schen Dirigenten Okko Kamu, Preisträger des ersten Wett-
bewerbs 1969. Sie haben die meisten großen Dirigenten
der jungen Generation gefördert – Abbado, Ozawa und
andere. Besteht nicht die Gefahr, daß Sie dabei eine Karriere allzu schnell vorantreiben?

KARAJAN: Schwer zu sagen. Das wird man erst in zehn,
fünfzehn Jahren sehen. Ich gebe zu: die Leute erwarten
vielleicht manchmal zuviel von jemandem, der einen kometenhaften Aufstieg hinter sich hat. Zuerst heißt es: So
etwas habe ich noch nie gehört, ein Wunder! Und er gibt
großartige Konzerte. Doch früher oder später verläßt ihn
sein Schwung, er bringt nur noch gute Konzerte zustande,
und dann sind die Leute enttäuscht.

Seiji Ozawa mit Karajan. Ozawa gewann 1960 den Kussewizki-Preis in Boston und erhielt zur gleichen Zeit ein Stipendium für den Unterricht bei Karajan in Berlin.

OSBORNE: Hätten Sie sich selbst anfangs etwas mehr Unterstützung gewünscht?

KARAJAN: Ich suchte Unterstützung, fand aber keine. Damals waren alle unerreichbar, wie Götter. Als ich zum erstenmal mit Toscanini redete, war ich fünfundvierzig, und dann machte er mich auch noch zur Schnecke, weil ich an der Scala Debussys *Pelléas und Mélisande* auf französisch herausbrachte. »Genausogut könnten Sie den *Troubadour* auf deutsch machen«, sagte er. Wir mußten beide lachen. Keine Hilfe weit und breit, ich stieß im Gegenteil oft genug auf Widerstand. Deswegen habe ich mir vorgenommen, es selbst anders zu machen. Ich weiß schon, es gibt die Theorie, daß wahrhaft überragende Talente zu guter Letzt immer ans Licht kommen. Andererseits kann man einem Menschen auch viel ersparen, wenn man ihm im richtigen Moment sagt: »Paß auf, jetzt gehst du in die Irre.«

OSBORNE: Sie wurden sogar als Furtwänglers Rivale hingestellt.

KARAJAN: Man munkelte, wir kämen nicht miteinander aus, dabei haben wir uns in Wirklichkeit kaum jemals gesehen. Ich ging zu seinen Proben, wann immer ich konnte. Legge brachte uns nach dem Krieg zusammen. Furtwängler war zuerst sehr zugeknöpft, aber unter Musikern wird ja gerne gewitzelt, und so wurde der Abend alles in allem ein großer Erfolg. Ich hatte aber den Eindruck, daß er kein sehr glücklicher Mensch war.

OSBORNE: Mit der wachsenden Berufserfahrung nahmen Anfang der vierziger Jahre auch Ihre Schwierigkeiten zu. Journalisten und Kritiker kommen immer wieder auf die Kriegsjahre zu sprechen. Sie konnten zwar weiterhin dirigieren, aber wenn man einmal die Möglichkeiten und das große Prestige des Musiklebens im Dritten Reich bedenkt, ging es mit Ihrer Karriere nicht gerade steil bergauf. Wie lange blieben Sie in Aachen?

Karajan mit dem Städtischen Orchester Aachen.

Karajan 1939 in Aachen.

KARAJAN: So lange wir konnten. Meine Frau und ich fühlten uns dort wohl; wir hatten ein Haus am Stadtrand von Aachen, obwohl ich viel Zeit in Berlin verbringen mußte. Als sie mir dann in Aachen den Stuhl vor die Tür setzten, machte sich keiner die Mühe, mir das mitzuteilen. Ich war gerade in Italien und erfuhr aus der Zeitung, daß Paul van Kempen neuer Generalmusikdirektor von Aachen geworden war.[31]

OSBORNE: Das Leben mußte irgendwie weitergehen, und Musik bedeutete im Krieg für den Normalbürger Berlins vermutlich genausoviel wie für die Menschen, die in London in die National Gallery drängten, um Myra Hess' Mittagskonzerte zu hören.

KARAJAN: Ich glaube, man kann sich heute keine Vorstellung mehr davon machen, wie das damals war. Wir lebten, so gut es ging. Wir hatten das Glück, daß wir zeitweise außerhalb Berlins wohnen konnten. Ich kannte den schwedischen Botschafter, auf dessen Landsitz wir uns erholen durften. Man konnte dort sogar reiten. Aber die Zustände in Berlin verschlimmerten sich zunehmend. Man mußte all das, was man tagtäglich sah, aus dem Bewußtsein verdrängen, sonst wäre man verrückt geworden.

OSBORNE: Sie konnten schließlich nach Mailand fliegen und sich in Sicherheit bringen, und später waren Sie eine Zeitlang am Comer See?

KARAJAN: Wir hielten uns in einem Bootshaus versteckt, das zu einem Haus von Bekannten gehörte. Wir hatten praktisch keinen Pfennig, doch eines Tages kam Geld an, das wir gut einteilten, so daß es Wochen reichte. Edwin Fischer hatte das Geld geschickt. Ein Freundschaftsbeweis, den ich ihm nie vergessen werde.[32]

OSBORNE: Über Triest und mit Zwischenstation in Ihrem Elternhaus kamen Sie nach Wien zurück. Und dann begann erst das eigentliche Drama.

KARAJAN: Die hatten ja alle keine Ahnung. Die Leute wurden in Kategorien eingeteilt – großer Nazi, kleiner Nazi – und endlos verhört. Ich versuchte, mich da rauszuhalten. Bitte, ich würde mich mit dem größten Vergnügen mit irgend jemandem unterhalten, aber mich persönlich angreifen lassen – nein. Was die Wiederaufnahme der Konzerttätigkeit in Wien betraf, gab es das Problem, daß die Besatzungsmächte sich oft widersprachen. Ich durfte ein einziges Konzert geben, und das auch erst, nachdem ich fast einen ganzen Tag von den Russen hingehalten worden war.³³ Sie hatten nur eins im Sinn: wie sie an Benzin, das damals natürlich sehr knapp war, kommen konnten. Ich hatte einen Philharmoniker bei mir, der in russischer Gefangenschaft gewesen war und etwas Russisch konnte. Aber das brachte uns auch nicht weit. Schließlich sagten wir: »Das Publikum steht schon Schlange, das Konzert soll in einer halben Stunde anfangen – bekommen wir die Genehmigung oder nicht?« Der Mann gab ein Knurren von sich, damit hatten wir die ersehnte Genehmigung, ich rannte nach Hause, zog mich um und dirigierte.

OSBORNE: Doch das war ein trügerischer Hoffnungsschimmer. Ihr nächstes Konzert wurde verboten.

KARAJAN: Dann tauchte Walter Legge auf. Er war ja Engländer und clever obendrein. Ihn interessierte einzig und allein die Schallplattenproduktion. Er hatte eine Firma in der Schweiz, was ihm manches ersparte. 1946 spielten wir Beethovens 8. *Symphonie* ein. Ich glaube, wir brauchten siebzehn Aufnahmesitzungen. Genauso erging es uns bei den Beethoven-Symphonien in London mit dem Philharmonia Orchestra. Beethoven ist deswegen schwierig, weil in den Fortepassagen jegliches Fundament fehlt; immer spielen die Streicher Tremolo oder zumindest sehr schnell, und das war noch nie eine gute Klanggrundlage. So brauchten wir in London eine ganze Wo-

ROYAL FESTIVAL HALL
General Manager: T. E. Bean

PHILHARMONIA CONCERT SOCIETY

Artistic Director:
WALTER LEGGE

presents

PHILHARMONIA
ORCHESTRA
Leader: MANOUG PARIKIAN

HERBERT von KARAJAN

EDWIN FISCHER

PROGRAMME

BERLIOZ: Symphonie Fantastique, Op. 14

I N T E R V A L

MOZART: Piano Concerto No. 22 in E flat, K.482

MOUSSORGSKY-RAVEL: "Tableaux d'une Exposition"

Friday, October 15th, 1954
at 8 *p.m.*

Management: IBBS & TILLETT LTD., 124 WIGMORE STREET, W.1

Konzertprogramm des Philharmonia Orchestra, 1954.

che allein dafür, die Mikrophone richtig aufzustellen und zu proben.

OSBORNE: Sie waren an den Vorbereitungen für die Salzburger Festspiele von 1946 beteiligt, gerieten aber wieder in Kalamitäten.

KARAJAN: Wenn es nicht die Russen waren, dann ganz bestimmt die Engländer, die dazwischenfunkten; also sagte ich mir: Verschwinde und warte, bis ein Österreicher wieder entscheiden darf, wann ein Österreicher in seinem eigenen Land Musik macht. Ich mietete mir ein Zimmer in Sankt Anton und verbrachte da sechs Monate, meist mit Skifahren. Mein Skilehrer war auch ein passionierter Jäger, wir waren von früh bis spät in den Bergen. Die ganze Zeit blieb ich der Großstadt fern, las viel, dachte nach und genoß die Einsamkeit der Natur.[34] Als ich endlich nach Wien und zur Musik zurückkehrte, war ich innerlich völlig entspannt.

OSBORNE: 1947/48 waren alle wieder im Geschäft – Furtwängler, Böhm, Knappertsbusch und andere mehr. Sogar Erich Kleiber kehrte aus Südamerika zurück.[35] In England war er von jeher hoch angesehen, und das Covent Garden Orchestra wollte ihn in den fünfziger Jahren um jeden Preis haben. Ein berühmter Pianist, der beileibe keine Lästerzunge hat, sagte neulich zu mir: »Er war nicht besonders sympathisch und längst nicht so gut wie sein Ruf.«

KARAJAN: Er war schrecklich! Nach dem Krieg wurden in der Presse allerlei Vermutungen über ihn angestellt. Die Schlagzeilen lauteten: »Kleiber kehrt zurück.« Als er dann ankam, hatten sich alle, vom Staatsoperndirektor bis zu den Ministern, in Gala geworfen, um ihn vom Flughafen abzuholen. Dort hielt er eine Pressekonferenz, auf der er unter anderem gefragt wurde, was seine Pläne in Wien wären. Er antwortete: »Ich bin zurückgekommen, um das Musikleben der Stadt zu säubern.« Ein Freund zeigte mir

Karajan mit Walter Legge.

das in der Zeitung. Alles, was ich darauf sagen konnte,
war: Und wie um alles in der Welt will er diese Herkulesar-
beit bewältigen? Ich war gespannt auf sein erstes Konzert.
Zwischen den beiden Weltkriegen war er ja in Berlin ganz
groß herausgekommen. Doch ich muß gestehen, daß ich
tief enttäuscht war. Schuh sah mich in der Pause allein da-
sitzen.[36] Der Mann hatte den Schalk im Nacken. Er kam
zu mir: »So, so, das Konzert gefällt Ihnen also nicht. Ich
sehe es mit Entsetzen, denn jedes Kind weiß doch, daß jemand, der Erich Kleibers Dirigierkunst nicht mag, ein
Nazi sein muß!«

OSBORNE: Und was halten Sie von seinem Sohn, Carlos
Kleiber?

KARAJAN: Ich schätze ihn sehr, aber er stand ziemlich unter der Fuchtel seines Vaters. Er hat schon oft irgendwel-
che Fragen mit mir besprochen, und jedesmal habe ich ihn
geradezu bekniet, doch wenigstens *ein* Konzert mit meinem Orchester zu machen. Er ist ein genialer Dirigent, Dirigieren macht ihm allerdings überhaupt keinen Spaß. Er
erklärt immer: »Ich dirigiere nur, wenn ich Hunger habe.«
Und das stimmt. Er hat eine Tiefkühltruhe, die füllt er voll,
lebt davon, und wenn sie fast leer ist, sagt er sich: »Jetzt
könnte ich wieder ein Konzert geben.« Wie ein Wolf.
Trotzdem gehört ihm meine ganze Bewunderung.

OSBORNE: Als Sie aus den Bergen zurückkehrten, mach-
ten Sie Plattenaufnahmen, die von einer ganz besonderen
Stimmung durchdrungen sind: die *Metamorphosen,*
Brahms' *Requiem* – aber in England bei Legges Philhar-
monia erregte auch der enorme Umfang des Repertoires
Aufsehen, das Sie dort erarbeiteten und einspielten.

KARAJAN: Ja, ich machte damals viel, was ich inzwischen
wieder vergessen habe oder wozu ich keine Zeit mehr
finde.

OSBORNE: Zum Beispiel Roussels 4. *Symphonie.*

KARAJAN: Nein, die habe ich nicht vergessen. Das Stück hat mich sehr beschäftigt. In der Nachkriegszeit war man bei den Musikfestwochen Luzern an dem Orchester sehr interessiert, also konnten wir unser Programm selbst zusammenstellen.[37]

OSBORNE: In Luzern sollen Sie mit der *Liturgischen Symphonie* von Honegger die Leute buchstäblich von den Sitzen gerissen haben. Später spielten Sie sie bei der Deutschen Grammophon ein. In diesem Werk müssen für Sie alle Schrecken des Krieges enthalten gewesen sein.

KARAJAN: Ich habe ein halbes Jahr gebraucht, bis ich mich imstande fühlte, es zu dirigieren. Das ist ein Stück, von dem ich mir vorstellen könnte, daß ich es vielleicht wieder einmal aufgreife.

OSBORNE: Legge stellte das Philharmonia Orchestra finanziell auf eine solide Basis und konnte Sie 1949 regelmäßig engagieren – auch dank des Mäzenatentums des Maharadschas von Mysore. Haben Sie ihn jemals kennengelernt?

KARAJAN: Nein, aber ich empfand große Achtung für ihn, weil es sein Herzenswunsch war, daß wir Bartóks *Musik für Saiteninstrumente, Schlagzeug und Celesta* einspielten. Die gab es zu der Zeit noch nicht auf Platte. Das Stück war für das Orchester sehr schwer, trotzdem hatte ich mir vorgenommen, es zu schaffen. Es rührt gewissermaßen an die Wurzeln der Musik.

OSBORNE: Sie sagen, für das Orchester sei es sehr schwer gewesen, dabei saßen doch lauter hochtalentierte Musiker im Philharmonia Orchestra.

KARAJAN: Hochtalentiert, gewiß, nur war das Orchester in seiner Anfangszeit nicht immer gleich gut. Jedenfalls mußten wir viel an dem Stück arbeiten. Und hier kam mir meine zwanzigjährige Erfahrung zugute. Die braucht man, wenn Orchestermusiker sich anhören sollen, daß dies

Karajan mit Mitgliedern der Wiener Symphoniker auf dem Wiener Westbahnhof, Januar 1950. Als Furtwängler in Salzburg, Berlin und Wien mit den Wiener Philharmonikern wieder die Oberherrschaft gewonnen hatte, konzertierte Karajan mit den wenig beachteten Wiener Symphonikern und wandelte diese in ein Spitzenorchester um.

oder jenes noch nicht stimmt. Und gerade mit einem Spitzenorchester muß man besonders viel proben. Abbado
macht derzeit in Wien *Elektra* – mit über zwanzig Orchesterproben. Na ja, das ist fast schon wieder etwas zu viel,
aber mit seiner langen Erfahrung weiß er eben, daß er das
verlangen kann und daß es gar nichts schadet.

2. Kapitel
Die Liebe zur italienischen Musik

OSBORNE: Von kompetenten Kritikern werden Sie als einer der besten Verdi- und Puccini-Interpreten bezeichnet, was für einen Dirigenten österreichischer oder deutscher Herkunft eine seltene Auszeichnung bedeutet. Wann entwickelten Sie Ihre Affinität zum italienischen Opernrepertoire?

KARAJAN: Bernhard Paumgartner war hier wie in so vielen anderen Belangen mein Mentor.[1] Er interessierte sich für den musikalischen Nachwuchs, nicht nur im Rahmen seiner Lehrtätigkeit am Salzburger Mozarteum, sondern auch darüber hinaus; er nahm uns beispielsweise auf Kunstreisen nach Italien mit. Er hatte die Gabe, ein Kunstwerk in wenigen Worten erschöpfend zu erklären. Italienisch lernte ich erst viel später, als ich in Italien das Kriegsende abwartete. Das hielt mich bei Gesundheit – das und die Schönheit des italienischen Frühlings.

OSBORNE: Und italienische Opern? Ich könnte mir vorstellen, daß sie damals in Österreich, wie übrigens auch in England, bei den sogenannten seriösen Musikern verpönt waren.

KARAJAN: Als Toscanini *Lucia di Lammermoor* mit dem Ensemble der Scala nach Wien brachte, war das für mich eine Offenbarung. Ich begriff plötzlich, daß Musik niemals trivial sein kann, es sei denn, sie würde trivial gespielt. Während der Jahre in Ulm, wo die Theatersaison nur von September bis April dauerte, konnte ich viel reisen; ich fuhr nach Mailand, um italienischen Gesang in der Originalsprache zu hören. Meine Vertrautheit mit Verdis *Falstaff* verdanke ich einzig und allein Toscanini.² Es gab nicht eine Probe von ihm in Wien oder in Salzburg, bei der ich nicht zugehört hätte, zusammen bestimmt an die dreißig. Von Toscanini lernte ich die Phrasierung – und alles wurde von italienischen Sängern gesungen, was es in Deutschland noch nie gegeben hatte. Ich glaube, ich habe nicht ein einziges Mal in die Partitur geschaut. Ich kannte alles in- und auswendig.

OSBORNE: Verlangte Toscanini eigentlich immer Spitzenbesetzungen?

KARAJAN: Für *Falstaff* schon; aber ich kann mich an eine *Meistersinger*-Besetzung erinnern, die einfach schrecklich war, und auch eine *Zauberflöte*… Kurz, nicht alle seine Sänger waren gut. Er hatte auch eine ganz eigenartige Vorstellung von Sängern.

OSBORNE: Sollten sie Wachs in seinen Händen sein?

KARAJAN: Nein, das war es wohl nicht, es ging eher um seine Auffassung von bestimmten Rollen und bestimmter Musik. In einem Fall war vielleicht Persönliches im Spiel: In der Scala kursiert die Geschichte, daß einmal ein sehr guter Sänger ins Dirigentenzimmer hereinplatzte, als der Maestro gerade mit einer Dame ein Techtelmechtel anfing – und der arbeitete nie wieder für Toscanini. Ich erinnere mich, daß er einen ganz besonderen Sinn für Chormusik hatte. In Bayreuth schrie der Chor seinerzeit eher, als daß er sang; man hielt das für original Wagner. Toscanini machte dem gleich in der ersten Probe für *Tannhäuser* ein Ende: »No, no, nix Wagner, nix Bayreuth – Café chantant!« Daß er den Chor dazu brachte, ein richtiges Piano zu singen, machte großen Effekt. Als ich dann meine eigene Spielzeit in Ulm mit *Tannhäuser* eröffnete, brachte ich ein ganz neues Klangkonzept mit.

OSBORNE: Wie kam er mit den Wiener Philharmonikern der Vorkriegszeit zurecht?

KARAJAN: Meistens gut. Ein Kontrabaßspieler aus dem Orchester kannte ihn und schärfte seinen Kollegen ein: »Toscanini kommt. Wir müssen äußerst präzis und mit sehr schönem Ton spielen. Bitte erscheinen Sie zu den Proben eine halbe Stunde früher und bereiten Sie sich vor. Dann wird schon nichts schiefgehen.« Und es klappte.[3]

OSBORNE: Damals passierte doch der berühmte Abgang – er stürmte vom Podium, kam aber nicht heraus, weil alle Türen zugesperrt waren.

KARAJAN: Und stellte sich in die Ecke und weinte. Man muß die Geschichte schon zu Ende erzählen: Die Philharmoniker setzten die Seitenzahlen der Partitur, wo Toscanini der Geduldsfaden gerissen war, im Lotto und gewannen eine immense Summe – heutzutage könnte man sich allerdings gerade einen Personenwagen dafür kaufen. Als Toscanini das erfuhr, stockte er den Gewinn auf das Doppelte auf. Das ist doch eine hübsche Geschichte! Wenn ich Zeit hätte, würde ich die vielen Anekdoten sammeln, die über berühmte Dirigenten in Umlauf sind, weil ich finde, daß man aus ihnen eine Menge lernen kann. Man sieht also: Toscanini war gar kein übler Mensch; er war nur so sehr der Musik verpflichtet und verlangte von sich selbst so viel, daß er es einfach nicht fassen konnte, wenn die Leute auch mal eine falsche Note spielten oder aus dem Takt kamen. Und möglicherweise war er hin und wieder verzweifelt, wenn er sah, was er erreichen oder eben nicht erreichen konnte. Ich habe jedesmal gemerkt, wie unzufrieden er mit seiner Wiedergabe von *La Mer* war; er strebte bestimmte musikalische Strukturen an, bekam sie aber nie richtig hin.

OSBORNE: Sind Sie ihm auch persönlich begegnet?

KARAJAN: Nur einmal, nach dem Krieg an der Scala. Als

er in London das Philharmonia Orchestra dirigieren sollte, habe ich das Orchester dafür vorbereitet.[4] In der ersten Probe ließ er sie die ganze *Zweite* von Brahms durchspielen und änderte nicht das geringste daran.

OSBORNE: Welche italienischen Dirigenten schätzten Sie sonst noch? Ich habe Sie einmal voller Bewunderung von Tullio Serafin reden hören.[5]

KARAJAN: Er war ein guter Dirigent und meisterhaft im Umgang mit Sängern. Aber mein wahres Idol war Victor De Sabata.[6] »Was empfinden Sie beim Dirigieren?« fragte ich ihn einmal, und er antwortete: »Ich habe eine Million Noten im Kopf, und jede, die nicht perfekt gespielt wird, macht mich rasend.« Er litt also beim Dirigieren. Und ich muß sagen, daß ich über dieses Stadium hinaus bin. Außerdem war De Sabata vielleicht der einzige, der nie einen anderen Dirigenten in ein schlechtes Licht rückte. Er machte schwere Zeiten durch; man wollte ihn wieder an die Scala holen, doch er mußte damit rechnen, daß Toscanini eines Tages zurückkommen würde.[7]

OSBORNE: John Culshaw beschreibt, wie Sie De Sabatas Aufnahme der *Tosca* hörten und sagten: »Nein, er hat recht, aber das kann ich nicht. Das ist *sein* Geheimnis.«[8] Dennoch haben Sie zwei denkwürdige Einspielungen von *Tosca* gemacht.[9] Eine aufregende Geschichte, aber die Personen sind nicht gerade sehr einnehmend: Tosca, Scarpia...

KARAJAN: Nein, wahrhaftig nicht. Trotzdem: *Tosca* hat mich schon immer fasziniert. Goethe sagte einmal, er wäre zu allen möglichen Verbrechen fähig, wenn er diese nicht in der Kunst darstellen könnte. Von Zeit zu Zeit muß man solche Musik dirigieren, sonst bringt man womöglich noch einmal jemanden um. Ich bin von jedem Takt beeindruckt.

OSBORNE: Wann haben Sie De Sabata zum erstenmal gesehen?

Karajan mit seinem Freund und Mentor Victor De Sabata, Mailand 1956.

KARAJAN: 1939 in Bayreuth. Er dirigierte *Tristan und Isolde*. Damals stand ich noch auf gutem Fuß mit dem dortigen Intendanten. Er lud mich ein: »Kommen Sie doch zu den Proben!« Und es war eine Offenbarung. Die Isolde wurde von Germaine Lubin gesungen – voll Grazie und Noblesse, die wundervollste Isolde, der ich je begegnet bin, besser als all die überdimensionierten deutschen Isolden.[10] Ich weiß auch noch, daß ich es für eine reizende Idee hielt, der Lubin einige der wunderschönen Kirchen in der Umgebung von Bayreuth zu zeigen. Besonders zwei hatte ich im Sinn: Die könnten ihr gefallen, dachte ich. Sie kam gerne mit, und ich führte sie zuerst in die prächtigste Kirche, ohne zu ahnen, daß sie nicht nur tief religiös, sondern auch, als Klosterschülerin, in strenger Askese aufgezogen worden war. Ich werde nie vergessen, wie ich das Portal öffnete und sie entsetzt hervorstieß: »Das ist doch keine Kirche – das ist ein Boudoir!«

OSBORNE: Die Gastspiele in Bayreuth 1939 mußte sie teuer bezahlen: In Paris wurde sie der Kollaboration bezichtigt, ihr Sohn beging Selbstmord.[11]

KARAJAN: Ich weiß. Schrecklich.

OSBORNE: Und die Callas? Der englische Kritiker Philip Hope-Wallace schreibt, daß ihn die *Lucia* in Berlin 1955 fast um den Verstand gebracht hätte. Dann machten Sie mit der Callas die Aufnahmen von *Madame Butterfly* und *Troubadour*. Der Umgang mit ihr scheint ja eine Wissenschaft für sich gewesen zu sein.

KARAJAN: Wenn man sie richtig anpackte, hatte man leichtes Spiel. Sie war stets bereit, ihr Bestes zu geben, und wenn sie einen Rat für gut befand, beherzigte sie ihn sofort. Freilich spielte sie manchmal die Diva. Irgendwann experimentierte ich an der Scala mit einem Gazevorhang, in dem noch der Staub der Jahrhunderte hing. Maria war kurzsichtig und hätte nun das Publikum nicht mehr richtig

Maria Callas mit Karajan und Mitwirkenden bei Donizettis
Lucia di Lammermoor *an der Mailänder Scala, 1954.*

sehen können. Bei einer Probe kam sie vor zum Orchester-
graben und erklärte: »Wenn dieser Vorhang bleibt, singe
ich nicht.« Ich passe den Moment ab, in dem sie gerade an
mir vorbeistolziert, und sage zum Generalsekretär: »Ol-
dani, dann brauche ich eben eine neue Sängerin.« Nach
einer halben Stunde bekomme ich zu hören, sie sitze heu-
lend in der Garderobe. Also erkläre ich ihr: »Maria, ich
experimentiere doch nur, und wenn ich ›experimentieren‹
sage, dann meine ich ausprobieren, wie es sich macht. Ich
weiß noch nicht einmal, ob ich den Vorhang überhaupt
nehme.« Natürlich nahmen wir ihn, und sie sah auch den
Grund ein. Aber ich würde niemals unnötig Unfrieden stif-
ten, wenn es nicht um eine wirklich wichtige Idee ginge.

OSBORNE: In der Juilliard School wies die Callas ihre
Schülerinnen an, sich im Rubato immer nach dem Dirigen-
ten zu richten.[12] Sie selbst hatte ein ganz ausgeprägtes
Rhythmusgefühl, nicht wahr?

KARAJAN: Unglaublich. Wenn sie ein Stück beherrschte,
sagte ich: »Maria, du kannst mir jetzt beim Singen ruhig
den Rücken zuwenden« – ich wußte genau, daß sie nicht
für den Bruchteil einer Sekunde aus dem Takt sein würde.
Sie hörte immer so gut auf das Orchester.

OSBORNE: Schade, daß es nach der *Lucia* und den beiden
EMI-Einspielungen keine weiteren Produktionen mit Ihnen beiden gab.

KARAJAN: Ich bedaure vor allem, daß ich sie nicht dazu
überreden konnte, bei einer *Tosca*-Verfilmung mitzuwir-
ken. Ich sagte ihr, daß wir die Tonaufnahmen ja schon hätten und daß sie praktisch nur noch zu mimen bräuchte.
Onassis lud mich ein – da kannte ich ihn noch gar nicht,
erst später befreundeten wir uns –, und wir besprachen das
Projekt. Aber Maria überspannte den Bogen und bestand
darauf, sie müsse den ganzen Film in all seinen Einzel-
heiten vorher genehmigen. Onassis bemerkte dazu: »Ich

bin zwar reich, nur für so etwas wieder nicht reich genug!« Ich versuchte sie zu erweichen. Aber sie hatte Angst, weil die Tosca schon zu weit hinter ihr lag.

OSBORNE: Die Raubpressung der Berliner *Lucia* war auf LP ein Riesenerfolg und ist es jetzt noch auf CD.

KARAJAN: Ich kenne diese Piratengeschichten zur Genüge, sie schaffen eine Menge Probleme, und darauf müssen wir bei unseren CD-Videos ganz besonders aufpassen. Andererseits ist es ja durchaus verständlich, daß die Leute solche unwiederbringlichen Sachen haben wollen. Ich erinnere mich, wie die Aufnahmen von Dinu Lipattis letztem Konzert in Luzern auftauchten.[13] Wir wußten alle, daß er nur noch wenige Wochen zu leben hatte. Er spielte Mozarts *C-Dur-Klavierkonzert* KV 467 – eine wunderbare Interpretation, lebendig und schön. Die Klangqualität ist schlecht, doch man kann den Geist der Musik heraushören.

OSBORNE: Sie sprachen vorhin von der Faszination, die *Tosca* auf Sie ausübt. Eine andere Oper, die Sie immer wieder aufgreifen, ist der *Troubadour*.

KARAJAN: Das war eine der ersten Opern, die ich in Ulm dirigiert habe. Wie gesagt, ich war für Verdi immer zu begeistern; mit vierundzwanzig Musikern und nur vier ersten Violinen ist er noch zu machen. Puccini ist ein Alptraum, aber Verdi geht. Später, als ich das Werk in Wien aufführen wollte, bekam ich Zustände, weil das Orchester nur fünf Bässe und ein Dutzend erste Violinen hatte. Für diese Musik brauche ich heute sechzehn erste Violinen und acht Bässe. Nach meiner Auffassung kommen im *Troubadour* die Jungschen Archetypen vor: Angst, Haß, Liebe – das fasziniert mich. Und nicht an einer einzigen Stelle gibt es Leerlauf.

OSBORNE: Vor kurzem haben Sie sich wieder den *Maskenball* vorgenommen, eine weitere Ihrer Ulmer Produktionen.[14] Wie gut hatten Sie denn die Oper noch im Gedächtnis?

KARAJAN: Als ich sie durchspielte, war sie mir wieder ganz präsent, wie das die Dinge so an sich haben, die man sich in der Jugend aneignet. Ich wußte auch ganz genau, warum ich sie dirigieren wollte. Interessant für mich ist — um nur einen Aspekt zu nennen —, daß sie ungewöhnlich viele lange Ensembles enthält, fast ein bißchen wie im *Figaro*. Bei den Plattenaufnahmen war ich überglücklich; diese Oper ist wahrlich formvollendet. Und uns stand eine großartige Besetzung zur Verfügung.

OSBORNE: Domingo ist Ihr Riccardo. Wie würden Sie ihn im Vergleich mit all Ihren anderen Tenören einstufen?

KARAJAN: Er ist für mich der Inbegriff des italienischen Stils im besten Sinn. Natürlich ist er Spanier; trotzdem beherrscht er den italienischen Stil.

OSBORNE: Einer der Unitel-Filme, die Sie von der Polygram herausbringen ließen, ist Ihr Salzburger *Othello* mit Jon Vickers — ein wichtiges historisches Dokument.

KARAJAN: Ich habe seine Kunst schon vor langer Zeit kennen und schätzen gelernt. Er ist ein schwieriger Mensch. Über jede Rolle macht er sich viele Gedanken, und man muß ihm alles haargenau erklären. Aber er wirkt auf der Bühne ungeheuer imposant. Seine großen Rollen — Tristan, Othello — krönt er durch eine einzigartige musikalische Phrasierung. Mag sie auch eigenwillig sein, sie ist immer wohldurchdacht. Bei so vielen Sängern geht die Musik immer in ein und dieselbe Richtung; bei Vickers fällt sie stets individuell aus, ist jedesmal etwas Besonderes. Später, als seine Stimme schon etwas nachließ, wollte ich ihn dazu bringen, den *Wozzeck* mit mir zu machen. Er hätte einen großartigen Wozzeck abgegeben.

OSBORNE: Sie spielten *Tristan und Isolde* mit ihm ein. Sie hatten doch auch schon Toscaninis Othello, Ramón Vinay, mit dieser Partie besetzt, nach dem Krieg in Bayreuth.

Jon Vickers als Othello mit Mirella Freni als Desdemona in Ka-rajans Salzburger Inszenierung von Othello *1970.*

KARAJAN: Richtig, aber Vickers war viel besser.

OSBORNE: Und José Carreras?

KARAJAN: Wenn jetzt die Techniker hier wären, würde ich Ihnen das Video des Verdi-*Requiems* vorspielen. Ich frage mich, ob Caruso das »Ingemisco« etwa besser gesungen hat. Carreras bekam dann die fürchterliche Krankheit, blieb aber voller Hoffnung. Nach dem zu urteilen, was er mir erzählt hat, war das zwar eine schreckliche Erfahrung, doch nun hat er seine Stiftung gegründet, um anderen Leukämiekranken zu helfen, und das macht ihn sehr glücklich. Ein bewundernswerter Mensch. Weil er noch jung ist, hoffen wir alle, daß er sich eine neue Karriere aufbauen kann.

OSBORNE: Von den italienischen Sängern, mit denen Sie in den fünfziger Jahren arbeiteten, fallen einem zunächst Tito Gobbi im *Falstaff* und Rolando Panerai ein, der bei so vielen Ihrer Schallplattenaufnahmen mitwirkte: als Guglielmo in der berühmten *Così fan tutte*, als Graf Luna im *Troubadour* und als Ford in beiden *Falstaff*-Einspielungen.

KARAJAN: Gobbi hatte den Falstaff bei vielen Gelegenheiten gesungen. Ich erinnere mich, daß er mir einmal sagte, das sei eine Rolle, der er sich im Lauf der Jahre von vielen Standpunkten her habe nähern können. Mit Panerai habe ich, wie Sie richtig sagten, wiederholt gearbeitet. Er ist ein hervorragender Künstler. Wußten Sie, daß er auch Bauer ist?

OSBORNE: Wie Verdi.

KARAJAN: Nein, er bestellt sein Land wirklich selbst. Er hat jemanden, der sich um das Finanzielle kümmert, doch seinen Traktor fährt er selbst... Mich beeindruckt, wie gut gelaunt er immer ist und wie viele herrliche Geschichten er auf Lager hat. Er ist einer der ausgeglichensten Menschen, denen ich je begegnet bin.

3. Kapitel
Das Berliner Philharmonische Orchester

OSBORNE: Wann haben Sie das Berliner Philharmonische Orchester zum erstenmal dirigiert?

KARAJAN: Das war 1938. Schon im Jahr zuvor hatte der Intendant Benda wegen eines Konzerts angefragt – es handelte sich um eine Veranstaltung für junge Dirigenten –, weil jedoch keine Probe vorgesehen war, lehnte ich ab. 1938 wurde mir ein Auftritt mit Probe angeboten, und diesmal sagte ich zu. Als ich allerdings Einzelproben verlangte – erst die Streicher, dann die Bläser –, stieß ich auf Widerstand, zumal das Orchester der Meinung war, es beherrschte die Stücke schon längst. Trotzdem war es Liebe auf den ersten Blick: Als ich vor dem Orchester stand, wußte ich, daß ich am Ziel meiner Wünsche war – egal, wohin mich das Leben noch führen würde. Hier würde ich mich am besten verwirklichen können.

OSBORNE: Und das Programm?

KARAJAN: Ich stellte es selbst zusammen: Mozarts *Haffner-Symphonie*, Teile aus *Daphnis und Chloe* von Ravel und Brahms' *4. Symphonie*.[1]

OSBORNE: Furtwängler starb im November 1954, und Sie wurden sein Nachfolger. Waren die vorangehenden Verhandlungen schwierig?

KARAJAN: Ich ließ sie gleich wissen: »Ich will für dieses Orchester alles aufgeben, aber als Gegenleistung fordere ich eine Anstellung auf Lebenszeit.« Zu oft schon hatte ich miterlebt, daß eine Stadt oder ein Orchester aus einer

Laune heraus einen Wechsel am Pult für nötig befand.
Wenn ich dem Orchester mein Leben widmen sollte, mußte
ich von vornherein ausschließen, daß mich jemand von
heute auf morgen entlassen konnte.[2] Es gab ein einziges
praktisches Problem: Ich sollte das Orchester schon auf
seiner Amerikatournee Anfang 1955 leiten, hatte jedoch
noch einen Vertrag für den *Ring* an der Mailänder Scala. Ich
erklärte dem Intendanten Ghiringhelli, mit dem ich mittlerweile gut befreundet war, wie wichtig die Tournee für mich
war; wenn es aber nicht anders ginge, würde ich sie mir aus
dem Kopf schlagen. Ghiringhelli zeigte sich wirklich sehr
verständnisvoll: Natürlich müsse ich mitfahren. Endlich
hatte ich wieder Boden unter den Füßen.

OSBORNE: Bei der Amerikatournee hatten Sie es angesichts der damaligen Deutschfeindlichkeit bestimmt nicht
leicht.

KARAJAN: Nach der Landung fragten mich zum Beispiel
die Pressephotographen, ob ich nicht mit einer Begrü-
ßungsgeste posieren wolle, also hob ich die Hände und
zeigte unmißverständlich mit dem Daumen nach unten.
Viel schlimmer war für mich, wie das Orchester spielte. In
Vancouver fingen wir mit einer Beethoven-Ouvertüre an;
der erste Akkord erklang – ein einziger Brei, niemand
spielte richtig. Ich hätte im Erdboden versinken können.
Deshalb habe ich sie erst einmal ganz elementare Dinge
üben lassen: eine Fermate zu halten etwa. Die dachten, ich
meine vielleicht fünf Sekunden, doch ich ließ sie bestimmt
zwanzig, dreißig Sekunden lang einen einzigen Ton halten.

OSBORNE: Beethovens *5. Symphonie* kürzlich in Berlin
war voller stark ausgespielter Fermaten, die den Fortgang
des Stücks keineswegs hemmten.[3]

KARAJAN: Ich weiß. Daran haben wir auch lange gebos-
selt – sie wurden schon sehr ungeduldig mit mir!

OSBORNE: Wahrscheinlich mußten Sie sich im Orchester

*Karajan zur Zeit seines Debüts mit dem Berliner Philharmoni-
schen Orchester, 1938.*

durch eine Instrumentengruppe nach der andern hindurch-
arbeiten. Aus alten Probenplänen konnte ich entnehmen,
daß Sie Vaughan Williams *Fantasie über ein Thema von
Thomas Tallis* oft auf dem Programm hatten.[4] War das ein
Weg, die Qualität der Streicher zu verbessern?

KARAJAN: Nein, ich mag das Stück einfach, und damals
wurde es, aus welchen Gründen auch immer, sonst selten
gespielt. Ich mußte langfristig planen. An erster Stelle galt
es, sich kennenzulernen, eine Interessengemeinschaft zu
bilden. Deswegen benutzten wir die anfänglichen Tour-
neen und Konzerte, um das Standardrepertoire des Orchesters durchzuspielen. Ich kannte bald seine Schwächen.
Zufällig standen zu der Zeit viele Mitglieder kurz vor der
Pensionierung, und über einen Zeitraum von sechs oder
sieben Jahren konnte ich das Orchester verjüngen.[5] Von
jedem neuen Mitglied forderte ich größtmögliche Musikalität und Bildung. Es dauerte natürlich eine Weile, bis wir
lauter solche Musiker beisammen hatten. Zuerst fand ich
nicht genügend Zeit für das Orchester, doch Anfang der
sechziger Jahre kam ich langsam dazu, viel mit ihm zu arbeiten, manchmal tagelang alles auf einmal: Konzerte, Platten, Filme.

OSBORNE: Heute blicken wir nicht nur auf die Erneue-
rungsphase der ersten zehn Jahre zurück, sondern auf einen
steten, mehr als drei Jahrzehnte andauernden Entwick-
lungsprozeß.

KARAJAN: Und die Herausforderungen wuchsen mit.
Beecham meinte einmal, jeder Trottel bringe drei Konzerte mit einem Orchester zustande; aber Fortschritt sei
ein Wagnis, wie wenn man auf einer Rennbahn läuft, wo
man zwar zunächst noch beschleunigen kann, bald jedoch
die geringste Steigerung eine große Kraftanstrengung
und nicht zuletzt Gefahr bedeutet. Im Berliner Orchester
strebten wir immer nach Erweiterung unserer Kenntnisse

Karajan bei einer Probe mit dem Berliner Philharmonischen Orchester, 1955.

sowie nach noch besseren Instrumentalisten, doch es ist
schon schwer genug, einen einmal erreichten Standard zu
halten.

OSBORNE: Viele Orchester verlassen sich ganz auf Talent-
sucher, Sie dagegen gründeten eine Reihe von Musikstif-
tungen, von denen einige noch tätig sind.

KARAJAN: Mir kam die Idee, in Berlin eine Schule zu gründen, die dabei helfen würde, unsere künftigen Musiker
auszubilden. Wie immer fehlte das Geld. Dann gaben wir
ein Konzert anläßlich des hundertjährigen Jubiläums der
Dresdner Bank. Ihr Vorstandssprecher Jürgen Ponto – der
später einem Terroranschlag zum Opfer fiel – war ein großer Musikliebhaber. Er sagte mir: »Ich habe mit meinen
Vorstandsmitgliedern gesprochen. Sie sind bereit, Ihnen
von nun an 250000 DM jährlich zur Verfügung zu stellen.« Er war der Meinung, daß viele gleichartige Institutio-
nen mit ähnlichen Problemen kämpften und daß die Hilfe
für uns – ein Orchester, das an so vielen Orten der Welt zu
sehen und zu hören ist – einen wirksamen Beitrag zum
kulturellen Leben leiste.

OSBORNE: Wie sollte die Schule denn organisiert werden?

KARAJAN: Das hatten wir uns ganz genau ausgedacht. Die
Solisten des Orchesters sollten den Unterricht übernehmen. Höchstalter der Studenten beim Eintritt fünfund-
zwanzig Jahre, kein Mindestalter; Hautfarbe, Religion,
Nationalität, Prix de Rome: ohne Bedeutung. Uns interessiert allein Qualität. Ich wurde gefragt: »Etablieren Sie da
nicht ein sehr elitäres System?« Elitär hat ja heute keinen
besonders guten Klang. »Nein«, sagte ich, »mein System
ist nicht elitär, sondern superelitär.« Ich will damit sagen:
Wenn jemand unrhythmisch und unmusikalisch spielt,
kann er unmöglich aufgenommen werden.

OSBORNE: Ihre Initiativen waren eher eine Ergänzung des
Angebots als eine Konkurrenz für vergleichbare Einrich-

Karajan beim Konzert.

tungen. Sollten nicht auch andere Orchester Nutzen daraus ziehen?

KARAJAN: Vieles lernen die Studenten natürlich an der Musikhochschule. Nun, wir konnten ja nicht alle unsere Absolventen gleich einstellen, wenn sie auch im Orchester wie ein Kopilot neben dem Piloten sitzen durften. Wer von den Berliner Philharmonikern kommt, braucht keine Referenz mehr, jedes andere Orchester empfängt ihn mit offenen Armen. Wir wissen jedoch, daß er eines Tages zu uns zurückkehren wird.

OSBORNE: Ein ständiges Kommen und Gehen – nicht alle bleiben bis zum Rentenalter in ein und demselben Orchester.

KARAJAN: Daß neue Musiker eintreten, ist für ein Orchester lebenswichtig. Vor kurzem kam ein junger polnischer Geiger zu uns, jetzt einer unserer Konzertmeister, sehr vielversprechend, hochmusikalisch.[6] Aber manchmal verlassen uns auch Mitglieder, um ihre eigenen Träume und Pläne zu verwirklichen. Einer unserer Streicher ging fort, weil er eine Violinschule aufmachen wollte – und sogar eine Fliegerschule. Er hat jetzt seine Unabhängigkeit und erklärt, er sei glücklich wie noch nie in seinem ganzen Leben. So ein Weggang kann uns aber auch in Schwierigkeiten bringen. Ich trauerte lange einem Mann nach, der fünfzehn Jahre unser erster Posaunist gewesen ist; er hatte das Niveau seiner Gruppe auf den höchsten Stand gebracht.

OSBORNE: Man achtet immer nur auf den Leiter eines Orchesters und vergißt dabei allzuleicht die Konzertmeister.

KARAJAN: In Wien gibt es einen Mann namens Schulz, der ist wirklich ein Phänomen. Er spielt nicht immer mit. Einmal hatte ich ihn eigens um sein Erscheinen gebeten. Bei der Probe erkundigte ich mich nach dem Namen eines bestimmten Flötisten. »Schulz«, sagte man mir. »Sie haben ihn doch extra kommen lassen.« Mit ihm nun hat es die

Bewandtnis, daß die ganzen Bläser, also nicht nur die Flöten, besser zu spielen scheinen, wenn er dabei ist. Dann haben wir in Wien den Konzertmeister Hetzel, den ich sehr schätze. Er sieht mich die ganze Zeit an. Ich hatte schon manchmal Angst, er käme gar nicht mehr dazu, in die Noten zu schauen, doch er scheint alles auswendig zu können. In Berlin habe ich bisher auch immer Glück gehabt. Konzertmeister war Schwalbé, zuvor im Orchestre de la Suisse Romande unter Ansermet, und jetzt ist es Spierer, ein guter Musiker und absolut zuverlässig. Obwohl er vor zwei Jahren einen schweren Schicksalsschlag erlitten hat, bleibt er dem Orchester treu. Vor ihm habe ich den allergrößten Respekt.

OSBORNE: Das alte Philharmonia hatte ja einiges an Talenten zu bieten – Dennis Brain zum Beispiel.

KARAJAN: Brain spielte zwar wunderschön, hatte aber nicht den typisch »deutschen« Ton. Ideal finde ich Seifert, der für mich der beste Hornist der Welt ist.

OSBORNE: Menuhin schrieb einmal, Sie stünden zu Ihren Musikern, achteten darauf, daß sie genug verdienen und daß sie gute Instrumente haben, und ermutigten sie, in kleineren Ensembles Kammermusik zu spielen. Wo immer Sie könnten, unterstützten Sie sie.[7]

KARAJAN: Es war mir immer sehr wichtig, ein Orchester nicht nur auf musikalischer, sondern auch auf der menschlichen Ebene zu betreuen. Wenn einer krank ist, soll er einen guten Arzt konsultieren, wenn sich jemand scheiden lassen will ... Über Jahre hinweg haben wir gemeinsame Anstrengungen unternommen, auf musikalischem Gebiet Neues zu entdecken und Altes aufzufrischen. Niemals darf die Arbeit zur Routine werden. Außerdem soll das Publikum auch *sehen*, daß es uns Spaß macht, gut zu spielen. Das funktioniert allerdings nur, solange ein Orchester seine Individualität und seine Unabhängigkeit bewahrt. In

Deutschland ist im Gespräch, daß die Orchester künftig
unter neuen Verträgen arbeiten sollen; darin würde im einzelnen geregelt, wann geprobt werden darf und wann nicht.
Wenn sie das akzeptieren, schaufeln sie sich ihr eigenes
Grab.

OSBORNE: Denkt man einmal an die Aufnahmen, die Sie
mit den Berliner Philharmonikern in den sechziger und
siebziger Jahren jeweils in der Sommerpause in Sankt Moritz machten, kann man sich jetzt schon ausmalen, daß die
Musikwelt auf diese Jahre einmal als ein Goldenes Zeitalter
zurückblicken wird.[8]

KARAJAN: In Sankt Moritz standen uns Möglichkeiten offen, an die während der Konzertsaison überhaupt nicht zu
denken war. Wir beschlossen oft ganz spontan, was wir
spielen würden. Wenn wir bei schönem Wetter in die Berge
gehen wollten, verschoben wir die Arbeit eben auf den
Abend; regnete es, dann spielten wir den lieben langen Tag.
Dieses Arbeitsklima war für die Musik sehr fruchtbar.

OSBORNE: Wer spielte denn mit? Die Schallplatten enthalten ja hauptsächlich Stücke in kleineren Besetzungen.

KARAJAN: Die Besten. Doch bei derartig vielen Guten
konnten wir die Gruppen variieren, so daß sich niemand
übergangen fühlen mußte.

OSBORNE: Es ging um Kammermusik, aber immer noch
mit dem charakteristischen vollen Klang des Orchesters?

KARAJAN: Schon – wenn damit gemeint ist, daß jede Note
in ihrer ganzen Länge und ihrer vollen Bedeutung gespielt
wurde. Wir wissen ja, wie begeistert Mozart war, als er
plötzlich mehr und bessere Streicher zur Verfügung hatte,
um seine Musik zur Aufführung zu bringen. Wenn es auch
altmodisch klingen mag: Die Nachwelt wird entscheiden,
was gute Musik ist und was nur bestimmten Zeitströmun-
gen angehörte.

OSBORNE: Es sieht so aus, als lebten wir heute in einer

Welt, in der Dirigenten ein unaufhörliches Wanderleben führen und ein langfristiges Engagement immer seltener wird – zumindest im Westen.

KARAJAN: Das ist auch der Grund, weshalb ich Masur riet zu bleiben. Freilich bieten sich ihm nicht immer die gleichen Möglichkeiten wie uns, aber in Leipzig hat er über zweihundert von ihm selbst bestens ausgebildete Musiker an der Hand. Er ist ein ausgezeichneter Musiker mit großem Enthusiasmus. Er wird jetzt mit dem Orchester zu den Salzburger Osterfestspielen kommen.

OSBORNE: Zur Dresdner Staatskapelle unterhalten Sie ebenfalls gute Beziehungen. Für viele ist Ihre Dresdner Einspielung der *Meistersinger* von 1974 einmalig – eine Ihrer großartigsten Aufnahmen.

KARAJAN: Es war auch eine einmalige Gelegenheit. Ich verliebte mich plötzlich wieder in diese Oper, und dann habe ich den Verdacht, daß die Dresdner beweisen wollten, zu den ganz großen Orchestern zu gehören – was ja stimmt.[9] Und mit der Oper sind sie mehr als vertraut. Trotzdem haben sie darauf bestanden, das Werk mit einem meiner Assistenten vor den Aufnahmesitzungen zweimal öffentlich zu spielen.

OSBORNE: Haben Sie jemals die Leningrader Philharmonie dirigiert – jenes Orchester, das Mrawinski fünfzig Jahre lang leitete?[10]

KARAJAN: Ich hätte es mit Freuden getan, wenn ich Zeit gehabt hätte. Aber sie wollten ohnehin immer, daß ich mein eigenes Orchester mitbringe.

OSBORNE: Ist es wahr, daß Sie einmal Schostakowitschs *6. Symphonie* machen wollten, die Interpretation von Mrawinski jedoch so gut fanden, daß Sie es sein ließen?

KARAJAN: Ganz richtig. Ich bewunderte seine Dirigierkunst aufrichtig. Er repräsentierte die ältere Dirigentengeneration in ihrer höchsten Vollendung.

OSBORNE: Und Szell?[11] In Cleveland hat er doch ähnliches erreicht wie Sie in Berlin und Mrawinski in Leningrad.

KARAJAN: Wir waren eng befreundet. Er drängte mich immer, die *Fünfte* von Prokofjew zu machen. Ich rätselte, was ihm wohl daran lag, und erfüllte ihm seinen Wunsch. In der Probenpause kam er an und gestand, er habe kurz vor einem Nervenzusammenbruch gestanden, weil ich vom ersten Takt an genau das Gegenteil von all dem wollte, was er seinem Orchester beigebracht hatte. Er hatte schon eine Katastrophe hereinbrechen sehen, doch nach ein paar Minuten merkte er, daß das Orchester spielte, als wäre nichts gewesen. Es gibt da eine ganz vertrackte Cellopassage am Anfang des letzten Satzes. In der Pause *meines* Konzerts nahm er die Cellisten beiseite und versicherte ihnen, daß diese Stelle bei der Wiederholung perfekt gewesen sei – *das* nenne ich echte Begeisterung und Großherzigkeit.

OSBORNE: Klemperer behauptete, Szell sei eine Maschine gewesen, wenn auch eine sehr gute.

KARAJAN: Nein, das kann man eigentlich nicht sagen. Er war sehr warmherzig. Wer ihn bei sich zu Hause erleben durfte, weiß, daß er auch sehr charmant und geistreich sein konnte. Nein, mir ist unverständlich, wie man so etwas behaupten kann.

OSBORNE: Wie steht's mit dem jetzigen Cleveland Orchestra?

KARAJAN: Von Christoph von Dohnányi habe ich schon viel Gutes gehört. Er kommt aus einer sehr angesehenen Familie, allerdings mit tragischer Vergangenheit. Sein Vater und sein Onkel, der Theologe Bonhoeffer, wurden von den Nazis erschossen. Ein guter Musiker, intelligent, mit breitgefächerten Interessen. Ich glaube, das Orchester ist in besten Händen.

OSBORNE: Nun noch zum Thema Konzertsaal: Sie haben schon in der ganzen Welt dirigiert, unter anderem in Indien, wo Sie das Orchester anwiesen, immer forte zu spielen, um den Lärm der Klimaanlage zu übertönen, im Vatikan und im Amphitheater von Epidauros in Griechenland.

KARAJAN: In Epidauros dirigierte ich das Verdi-*Requiem*. Eine prächtige Kulisse, nur führe ich ungern im Freien Musik auf, und die Akustik ist dort auch nicht so gut, wie ihr immer nachgerühmt wird. Der Petersdom ist wirklich nicht übel, wenn er voll ist und damit die Resonanz gedämpft wird. Ideal finde ich immer noch die Berliner Philharmonie.[12] Bevor sie gebaut wurde, arbeiteten wir unter erschwerten Bedingungen, weil die Kirche, in der wir unsere Aufnahmen machten, in einer Einflugschneise lag, so daß wir häufig unterbrechen und manche Stellen fünf- bis sechsmal wiederholen mußten.

OSBORNE: An der Philharmonie wurde schon viel Kritik geübt.

KARAJAN: Zugegeben, anfangs hatte sie ihre Mängel. Grundsätzlich war die Konstruktion gut, Verbesserungen schienen allerdings nötig. Außerdem regte sich heftiger Widerstand gegen den Umzug von der Kirche in den neuen Bau. Wer sein Instrument immer mitbringen mußte, wollte uns partout davon überzeugen, die Philharmonie tauge nicht viel; andere waren gegen den Umzug, weil der Kaffee der Philharmonie nicht so gut schmeckt... Jochum tat das seine, als er kurz nach der Eröffnung der Philharmonie ein Konzert gab und öffentlich erklärte, die Philharmonie sei für Plattenaufnahmen völlig ungeeignet.[13] Das stimmte nicht – davon verstand er einfach nichts –, aber so bekamen wir alle Nachbesserungen natürlich viel schneller. Später, als wir mit dem Filmen anfingen, ging es in Riesenschritten vorwärts. Wir mußten die Orchesteraufstellung verändern, damit die Kameras die Musiker gut ins Bild bekommen, und die neue Holzkonstruktion verbesserte den Klang erheblich. Es dauerte zwar seine Zeit, aber jetzt scheint mir das Haus nahezu perfekt.

4. Kapitel
Die Kunst des Dirigierens

OSBORNE: Während wir uns das Ende Ihres Films der *1. Symphonie* von Brahms ansahen, trommelten Sie den Paukenpart auf dem Tisch fehlerlos mit.

KARAJAN: Die Pauke ist das einzige Orchesterinstrument, das ich in meiner Jugend erlernt habe.[1]

OSBORNE: Nur wenige der führenden Dirigenten begannen als Orchestermusiker: Münch und Kempe waren zur selben Zeit im Leipziger Gewandhausorchester. Wie wichtig ist es denn für einen Dirigenten, die Orchestertätigkeit am eigenen Leib erfahren zu haben?

KARAJAN: Das kommt darauf an. In Ulm mußte – wie vormals in vielen anderen Opernhäusern – der Dirigent auch ein guter Pianist sein, weil er eben nicht nur als Dirigent, sondern auch als Chorleiter und Korrepetitor fungierte. Und es ist unerläßlich, Orchestermusik auch einmal von der anderen Seite zu erleben. In Ulm wechselte ich mich im Dirigieren mit einem gewissen Otto Schulmann ab. Wenn er dran war, setzte ich mich oft zu den Bläsern, das war sehr lehrreich. Es ist ja ein Ding der Unmöglichkeit, alle Orchesterinstrumente zu erlernen, ein Menschenleben würde dafür nicht ausreichen. Und selbst als *guter* Geiger wären Sie noch lange nicht so gut wie Ihre besten Musiker. Hauptsache also, der Dirigent lernt, was er alles *verlangen* kann.[2]

OSBORNE: In gewisser Hinsicht ist natürlich das Orchester das Instrument, das der Dirigent zu beherrschen sucht.

KARAJAN: Das ist richtig. Und niemand darf behaupten,
er kenne eine Partitur – auch wenn er sie sich noch so gut
eingeprägt hat –, bevor er sie nicht in der Praxis auspro-
biert hat. Denn sobald man vor dem Orchester steht, hat
man es mit der Trägheit der Masse zu tun. Ich spreche hier
nicht von Faulheit. Einen bestimmten Klang hervor-
zubringen erfordert eine kollektive Kraftanstrengung.
Warum probt man? Der Dirigent würde antworten: »Damit ich dem Orchester meine Ideen vermitteln kann«; das
Orchester: »Damit er sich auf unsere Kosten das Repertoire aneignen kann«; der Manager: »Weil ich euch dafür
bezahle und darauf bestehe, daß ihr probt.« In gewissem
Sinn ist die Probe ein Prozeß, bei dem ein großer Widerstand gebrochen wird. Wie wir wissen, sah Michelangelo
den Marmor, den er bearbeitete, als seinen persönlichen
Feind an. Und die Erfahrungen, die Pianisten am Klavier
machen, sind uns ebenfalls bekannt. Gieseking hat mir erzählt, daß er einmal ein neues, relativ kurzes Stück lernen
mußte, ungefähr zehn Minuten lang.[3] Er hatte ein phäno-
menales Gedächtnis; auf der zweistündigen Zugfahrt vor
dem Konzert lernte er das Stück auswendig. Doch als er es
dann spielte, traf ihn fast der Schlag. Erst in dem Augenblick, in dem man zu spielen beginnt, mit jeder Faser des
Körpers den Gegendruck der Tasten spürt, beginnt die
eigentliche Interpretation. Und genauso verhält es sich mit
dem Orchester. Sie lernen von mir, und ich lerne umge-
kehrt von ihnen. Und nur wenn ich diesen Gegendruck,
der von ihnen ausgeht, in mich aufnehme, kann ich von
einer Interpretation sprechen.

OSBORNE: Wie so manches in der Musik ist das sicher ein
Prozeß, der geraume Zeit beansprucht: ein Werk erst
anhand der Partitur und dann mit dem Orchester zu erarbeiten.

KARAJAN: Selbstverständlich. Und hier liegt auch der

Karajan beim Partiturstudium in seinem Haus in Sankt Moritz. Walter Legge bemerkte einmal: »Seine Partituren studiert er im Bett bäuchlings, auf seine Ellbogen abgestützt, oder er legt sich überhaupt dazu auf den Fußboden, wie eine entspannte Katze. Deswegen gibt es in keiner Partitur irgendein Zeichen [...]. In den Proben ist sein Körper entspannt, aber man spürt intensivste Konzentration.« (Gehörtes, Ungehörtes, S. 268.)

Grund, weshalb der erste Versuch, ein großes Werk zu dirigieren, oft zum Scheitern verurteilt ist, weil man einfach noch nicht die heiklen Stellen und die Schwerpunkte des Stücks erkannt hat. Da hilft Erfahrung enorm. Bei der allerersten Aufführung einer Symphonie rechnet man noch bei jedem Takt damit, daß man sie schmeißt. Aber wenn man weiß, wo es langgeht, weiß man auch, worauf man sich konzentrieren muß – es ist etwa so wie bei einem erfahrenen Arzt, der es im kleinen Finger hat, was er unbedenklich riskieren kann, wo ein Anfänger sich noch den Kopf zerbricht: »Mein Gott, und wenn jetzt was passiert, womit ich nicht gerechnet habe...« Der Erfahrene richtet seine Aufmerksamkeit auf die entscheidenden Momente. So kann man auch seine Kräfte sparen. Die meisten jüngeren Dirigenten sind nach einem Konzert viel erschöpfter, als ich es heute bin. Der *Tristan* würde mich jetzt nicht mehr besonders mitnehmen. Aber nachdem ich ihn zum erstenmal dirigiert hatte, war ich krankenhausreif.

OSBORNE: Heißt das, der vom Notarzt versorgte junge Maestro hätte den *Tristan* oder Beethovens *Siebte* eher schlecht als recht dirigiert?

KARAJAN: Jawohl, weil er im Fall Beethovens wahrscheinlich noch nicht wußte, daß schnelle Passagen ganz mulmig klingen, wenn nicht jede einzelne Note gestochen scharf artikuliert wird. Den letzten Satz dieser Symphonie spielte man in meiner Anfangszeit in Deutschland viel langsamer als heute üblicherweise. Ich wußte, daß das falsch war, konnte es aber auch nicht besser machen, weil bei schnellem Tempo die musikalischen Vorgänge nie deutlich genug herauskamen. Der Satz eignete sich einfach nicht für ein schnelleres Tempo. Irgendwann konnte dann das eine mit dem anderen verbunden werden – das richtige Tempo und die Herausarbeitung des Gehalts. Manchmal, besonders bei romantischer Musik, bitte ich das Orchester:

»Und jetzt dasselbe noch einmal, aber im Viervierteltakt. Sehen Sie, Sie empfinden die Musik so intensiv, daß Sie alles im Fünfvierteltakt spielen. Empfinden Sie bitte mit der gleichen Intensität, nur spielen Sie genau das Gegenteil.«

OSBORNE: Auf rhythmische Exaktheit auch über lange Strecken hinweg haben Sie schon immer gepocht.

KARAJAN: In diesem Punkt werde ich wirklich manchmal fuchsteufelswild. Eine falsche Note kann ich hinnehmen, nicht aber, daß das Orchester schneller oder langsamer wird. Viele Lehrer gehörten hinter Schloß und Riegel, weil sie den musikalischen Nachwuchs so falsch anleiten. Einer der Gründe übrigens, weshalb ich meine Stiftung gründete. Ich wollte etwas von der Bereicherung und der Beglückung weitergeben, die ich aus der Fähigkeit, für Menschen Musik zu machen, gewonnen habe. Was kann ich tun? fragte ich mich. Meiner Ansicht nach gehört heute die Musikerziehung zu den am meisten vernachlässigten Sektoren unserer Kultur. Wenn den Schülern nicht einmal die Grundbegriffe des Rhythmus vermittelt werden, ist Hopfen und Malz verloren.

OSBORNE: Sie haben sich selbst einmal per Computer testen lassen, nicht wahr?

KARAJAN: Das war in einem wissenschaftlichen Institut in Dortmund. Dort steht ein Klavier — kein sehr gutes —, das an einen Computer angeschlossen ist. Dieser mißt den zeitlichen Abstand zwischen zwei Noten. Beim Wechsel zwischen dem dritten Finger und dem Daumen zum Beispiel werden manche Pianisten schneller, andere langsamer. Man stellte mir ein Metronom hin und gab mir ein Thema, das ich in immer schnelleren Notenwerten spielen sollte: Triolen, Achtel, Sechzehntel und so weiter. Ich weiß, daß ein Orchester, sobald es viele schwarze Noten auf einmal sieht, gewöhnlich schneller wird. Meine Abweichung betrug vielleicht zwei oder drei Hundertstel. »Herr von

Karajan hat offensichtlich ein Computergehirn!« hieß es
dann. Die Wahrheit ist: Ich habe mir das mit dem Metronom antrainiert und teste mich heute noch. Ich kann bei
120 gehen und bei 105 singen, und wenn Sie mich jetzt
bitten würden, bei 105 zu singen, könnte ich Ihrer Auffor-
derung ohne weiteres Folge leisten. Komme ich aus dem
Takt, spüre ich das mit dem ganzen Körper. Bei einem Solo
im Orchester, das zu langsam oder zu schnell gerät, wird
mir richtig unwohl.

OSBORNE: Ist vielleicht deshalb Ihr Bruckner so mit-
reißend? In Sätzen wie dem Adagio der 8. *Symphonie*
spürt man intuitiv eine durchgehende Stabilität, die der
Musik große Geschlossenheit verleiht.

KARAJAN: Ja. Das rührt aber auch von einer umfassenden
Kenntnis des Werks her. Wenn man es gleichsam voraus-
fühlt und im Ganzen vor sich sieht, noch ehe man mit der
Aufführung beginnt, kommt man zu solchen Ergebnissen.
Außerdem sind die Tempoangaben im Bruckner-Original
viel einfacher als in bestimmten Ausgaben.[4] Bruckner verlangt oft eine leichte Modifizierung des Tempos und
schreibt beispielsweise »langsamer«; aber es gibt Leute,
die das Tempo dann um dreißig Prozent verringern. Nein,
das Tempo muß viel feiner behandelt werden – wie beim
Wiener Walzer. Kein Mensch käme auf die Idee, einen
Wiener Walzer auszuzeichnen: Die vielen Tempoangaben
würden in der Partitur einfach fürchterlich aussehen…
Erst vor kurzem ist es mir gelungen, die ganze 8. *Symphonie* in einem Atem durchzuziehen. Man braucht dafür
Jahre.

OSBORNE: Im allgemeinen folgen Sie den Bruckner-Aus-
gaben von Robert Haas. Kannten Sie Haas?

KARAJAN: Ja, ich kannte sowohl ihn als auch Nowak.[5]
Haas war ein sachkundiger Herausgeber und fertigte
wichtige Rekonstruktionen an. Man kann aber auch nicht

immer auf Bruckners ursprüngliche Ideen zurückgreifen, etwa auf die erste Fassung der *8. Symphonie*, bei der der erste Satz mit einer Fortissimo-Coda endet.

OSBORNE: Josef und Franz Schalk – mit letzterem waren Sie bekannt – haben die Bruckner-Partituren ja zum Teil fürchterlich entstellt.

KARAJAN: In guter Absicht, nehme ich an. Die Symphonien konfrontieren einen mit tausenderlei Problemen, und damals verfügten die Orchester eben nicht über die heutigen Möglichkeiten. Wenn Bruckner acht Hörner verlangt, wobei einige der Bläser auch Tenor- und Baßtuba spielen sollen, kann man schon in arge Verlegenheit geraten. Heute hole ich mir ein paar zusätzliche Bläser, so daß sich jeder in diesen sehr langen Symphonien zwischendurch ausruhen kann; zu Bruckners Zeit war man dagegen gezwungen, die eine oder andere Passage umzuschreiben, weil man ganz genau wußte, daß der dritte Hornist keine große Leuchte war, man aber mit ihm vorliebnehmen mußte.

OSBORNE: Eigentlich dürften Sie Leute gekannt haben, die noch Bruckner selbst erlebt haben – Paumgartners Vater, Schalk...?

KARAJAN: Auch mein Vater konnte sich gut an Konzerte Bruckners erinnern, unter anderem an sein *Te Deum*. Die Zuhörer gingen einer nach dem andern und schlugen die Tür hinter sich zu. Bis zur Pause war die Hälfte weg, und zum Schluß stand er buchstäblich allein da. Bruckners Musik hat etwas sehr Ursprüngliches. Vielleicht muß man einmal in Sankt Florian gewesen sein, um sie überhaupt verstehen zu können, weit ausgreifend, wie sie ist, und voller Momente der Stille.[6]

OSBORNE: Ist es wahr, daß Sie einmal in der Gruft, in der Bruckner liegt, eingesperrt wurden?

KARAJAN: Nein, nein, nicht eingesperrt! Man hatte mich

vor einem Konzert, das ich in der Kirche geben sollte, hin-
untergeführt. Das war während des Kriegs, als das ganze
Kloster von Glasmeier in einen einzigen Heiligenschrein für
Bruckner verwandelt worden war.[7] Ich sollte wohl in die
rechte Geistesverfassung für das Konzert versetzt werden.

OSBORNE: Bruno Walter äußerte einmal, daß jedes große
Werk nur einen einzigen Höhepunkt habe. Würden Sie dem
zustimmen?

KARAJAN: Selbstverständlich.

OSBORNE: Doch kürzlich habe ich einen namhaften Dirigenten gehört, dessen Bruckner lange vor dem für mich
augenscheinlichen Höhepunkt bereits ein Fortissimo possibile erreicht.

KARAJAN: Eine interessante Beobachtung. So viele Dirigenten – Furtwängler nicht ausgenommen – verausgaben
sich in gewaltigen Crescendi, nach denen die Musik
zwangsläufig in sich zusammensackt. Es ist, als stürmte
jemand auf den Gipfel eines hohen Bergs und ließe sich
dann einfach herunterfallen. Hier lag Bruno Walters
Stärke. Wenn man oben angelangt ist, muß einem das auch
zu Bewußtsein kommen! Man genießt die Aussicht und läßt
sich durch sie anregen.[8] Genau wie auch der Schluß als
solcher erkennbar sein sollte. Das gilt nicht zuletzt für
Bruckner, bei dem sich die Codas, läßt man im Tempo nach,
endlos in die Länge ziehen können. Deshalb sage ich immer
zum Orchester: So tritt man nur auf der Stelle; wir müssen
uns die ganze Coda als eine große Fermate vorstellen. Wir
richten uns nach dem Metronom, sonst finden wir nie ein
Ende.[9]

OSBORNE: Sie sprachen vorhin vom Gehen in einem bestimmten Tempo und gleichzeitigen Singen in einem anderen. Der Schritt scheint oft das Tempo eines Musikstücks
zu bestimmen, und Schritt und Herzschlag hängen meist
zusammen.

KARAJAN: So ist es in der Regel. Ein sehr wichtiger Tat-
bestand. Jeder Dirigent hat einen anderen Pulsschlag, aber
die Tempi stehen oft in einem mathematisch ausdrück-
baren Verhältnis zu diesem. Bachs Tempi entsprechen fast
immer dem Herzschlag. Das alles weiß ich dank meiner
langjährigen Erfahrung mit Yoga. Ich kenne meinen Herzschlag, fühle ihn in jedem Körperteil. Und wenn ein Musikstück im Gleichtakt mit dem Puls einsetzt, erlebe ich das
als physisch wohltuend. So gesehen, macht man mit dem
ganzen Körper Musik. Deshalb war ich nicht wenig irri-
tiert, als wir 1977 die Beethoven-Symphonien neu einspielten: Nach den Schneidearbeiten nahm ich einige Bänder mit nach Sankt Moritz und hörte sie mir an. Um Gottes
willen, dachte ich, das ist ja alles grundfalsch. Doch dann
kam ich drauf: Sankt Moritz liegt sehr hoch, und deswegen geht der Puls schneller. Nur dort oben kam es mir
falsch vor.

OSBORNE: Sie lehnen es ab, den Takt strikt metronomisch
zu schlagen.

KARAJAN: Ganz und gar. Es kommt nur darauf an, daß
man abschätzen kann, wie lange eine bestimmte Phrase
insgesamt dauert.

OSBORNE: Wie halten Sie es mit Metronomangaben, zum
Beispiel bei Beethoven?

KARAJAN: Man prüft sie natürlich – die einen stimmen,
andere sind falsch, so etwa in der 9. *Symphonie*. Alles
führt letzten Endes immer wieder auf die Frage zurück,
wieviel Zeit während einer Phrase vergeht. Wir werden nie
wissen, wie Beethoven seine Werke dirigiert hat oder wie
er sie dirigiert hätte, wenn er alles hätte hören können.
Aber von Brahms ist uns aus seinen Briefen bekannt, daß
er das Tempo sehr flexibel behandelte. Sie wissen, daß Bülow die 4. *Symphonie* mit dem Meininger Orchester für
die ersten Aufführungen einstudierte, Brahms jedoch die

Konzerte auf der Deutschlandtournee selbst dirigierte.[10]
Und damals schrieb er in einem Brief: »Ich kann mir in
dem Fall oft nicht genug tun mit Treiben und Halten...«[11]
OSBORNE: Also geht es um eine Kombination aus einem
stabilen Metrum und einer flexiblen Gegenbewegung.
Vorhin sprachen Sie vom Gesetz der Trägheit und von der
physischen Anstrengung, der sich sowohl der Dirigent als
auch die Orchestermusiker aussetzen. Haben Sie zu diesem Thema von Ihrer Stiftung eine wissenschaftliche Untersuchung durchführen lassen?
KARAJAN: Ja, wir gründeten eine der Universität Salzburg
angegliederte Forschungsgemeinschaft, um die Streßfak-
toren beim Musizieren zu untersuchen beziehungsweise
den Einfluß der Musik auf Körper und Geist, auf Gesunde
wie auf Kranke. Ich habe einen relativ langsamen Herzschlag, etwa 67 oder 68, doch wir fanden heraus, daß sich
vor einer musikalischen Steigerung der Herzschlag bis auf
170 erhöhen kann. Langsame Musik, durchsetzt mit Pausen, belastet Körper und Geist am meisten. Und wie man ja
weiß, kann Streß schlimmen Schaden anrichten.[12]
OSBORNE: Ich habe schon die Meinung gehört, das sei
zwar hochinteressant, aber längst nichts Neues mehr.
KARAJAN: Solche Ignoranz ist mitverantwortlich für den
Tod von Menschen: Drei meiner Kollegen starben beim
Dirigieren, zwei an genau derselben Stelle im dritten Akt
von *Tristan*.
OSBORNE: Und wie wirken Sie der Anspannung entgegen?
KARAJAN: In Streßmomenten atme ich so frei wie möglich.
OSBORNE: Orchestermusiker führen demnach nicht das
gesündeste Leben.
KARAJAN: Besonders, wenn sie ihr Bestes geben, stehen sie
unter enormem Streß. Ein Orchestermusiker leistet wirk-

Karajan mit Günther Schneider-Siemssen, dem Bühnenbildner des Salzburger Rings (mit dem Rücken zum Betrachter), Wieland Wagner und Walter Legge während der Bayreuther Festspiele von 1962. Obwohl ihn seine Arbeit schon nach dem berühmten Tristan von 1952 wieder aus Bayreuth wegführte, war der Einfluß Wieland Wagners auf seine Regietätigkeit unverkennbar.

lich Schwerarbeit. Aus diesem Grund habe ich immer darauf gedrungen, daß meine Leute sich richtig von der Arbeit
erholen.

OSBORNE: Ich konnte beobachten, daß Sie auch beim
Musikhören vom Band oder beim Fernsehen mit der Musik atmen. Liegt das an Ihrer Yoga-Ausbildung?

KARAJAN: Ja. In der Sprache des Buddhismus heißt es
nicht: »Wie bewältige ich etwas?«, sondern: »Wie löst
sich ein Problem?« Ich habe schon oft von meiner Angst
gesprochen, die ich empfand, als ich zum erstenmal mit
dem Pferd über eine Hürde springen sollte. »Reiten Sie im
richtigen Winkel an, und dann lassen Sie das Pferd nur
springen, stören Sie es nicht dabei!« wurde ich angewie-
sen.

OSBORNE: In der Orchesterprobe kommt es also darauf
an, den richtigen Winkel zu ermitteln?

KARAJAN: Für gute Probenarbeit braucht man einen mit
mikroskopischer Genauigkeit funktionierenden Verstand.
Die eigene Person bringt man gar nicht ein – das würde
dem Orchester eher schaden, weil es sich dann im Konzert
auf einen verläßt. Nur die korrekte Wiedergabe der Noten
muß eingeübt werden. Das Konzert ist etwas ganz anderes. Wenn man so will, ist die höchste Dirigierkunst die
Kunst zu wissen, wann man nicht dirigieren sollte.

OSBORNE: Sie wirken dabei oft so, als wären Sie in einem
Zustand tiefster Versenkung.

KARAJAN: Nun, ich habe jahrelang Yoga gemacht, doch
dann begegnete ich einem Jesuitenpater, der von der ka-
tholischen Kirche in den Fernen Osten geschickt worden
war, um den Buddhismus zu studieren und herauszufinden, welche Bedeutung die Meditation für den katholi-
schen Gottesdienst haben könnte. Er besuchte zwei meiner
Konzerte, und hinterher führten wir jedesmal lange Gespräche. Er legte mir dar, daß in meinem Fall die tradi-

tionellen Übungen unerheblich seien im Vergleich zu den meditativen Erfahrungen bei der Musikausübung.

OSBORNE: Werden Sie im Idealfall eins mit der Musik?

KARAJAN: Kennen Sie die Geschichte vom Büffel? Eines Tages sucht ein junger Mann den Guru auf und bittet ihn um Hilfe. Der Guru schickt ihn in seine Hütte, eine kleine Hütte mit Blätterdach und einem schmalen Türchen, und trägt ihm auf, über seine Eltern zu meditieren. Der junge Mann kommt bald wieder heraus – er kann sich nicht konzentrieren. Der Guru sagt ihm, er solle über eine Rose meditieren. Wieder erfolglos. Da fragt ihn der Guru: »Was auf dieser Welt bedeutet dir am allermeisten?« Ein Büffel, antwortet der Mann, den er auf seinem Hof halte. »Dann geh wieder in die Hütte und meditiere über ihn«, sagt der Guru. Nach langer, langer Zeit, als der Mann immer noch nicht aus der Hütte zurück ist, macht sich der Guru Sorgen und ruft nach ihm. Er fühle sich bestens, tönt es aus der Hütte. »Warum kommst du dann nicht heraus?« fragt der Guru. »Geht nicht«, antwortet der Mann, »ich komme mit meinen Hörnern nicht mehr durch die Tür!« Darauf der Guru: »Jetzt hast du die erste Stufe erreicht.« – Ist das nicht eine hübsche Geschichte?

OSBORNE: Sie haben die Noten immer im Kopf – Sie sagten einmal, daß Sie weder Tonband noch Partitur benötigen, um den ganzen *Tristan* im Geist zu überblicken, und dasselbe gilt offensichtlich für andere große Dirigenten. Und Sie bemühen sich auch, das Orchester genausoweit zu bringen.

KARAJAN: In vielen Fällen ist es hinderlich, wenn die Musiker die Augen wie gebannt auf die Noten heften. Bei intensivster Probenarbeit für den *Ring* blieben wir einmal dauernd an einer Stelle hängen, weil dort die Begleitfiguren zu stark herauszuhören waren. »Meine Herren«, sagte ich, »das wird nie etwas werden, wenn Sie hier nicht auswendig spielen. Erst dann können Sie sich auf die Musik konzentrieren und die Melodiestimme der Bläser hören.« Problematisch ist auch das Notenbild vieler Ausgaben. Manche Unausgewogenheiten sind allein auf die Noten zurückzuführen, aus denen die Musiker spielen.

OSBORNE: All das erklärt letztlich auch Ihre Angewohnheit, mit geschlossenen Augen zu dirigieren.[13]

KARAJAN: Das kann einem helfen, die inneren Zusammenhänge der Musik deutlicher zu sehen. Dabei weiß ich trotzdem immer genau, was die Musiker tun – ganz intuitiv.

OSBORNE: In letzter Zeit scheinen Sie zunehmend mit geöffneten Augen zu dirigieren, in den meisten Filmen sowieso.

KARAJAN: Manchmal kommt man ohne Blickkontakt nicht aus – bei Chormusik zum Beispiel nie. Ich lasse den Chor immer auswendig singen, was den doppelten Effekt hat, daß die Augen eben nicht auf die Noten fixiert sind und daß die Sänger mit mir kommunizieren können.

OSBORNE: Und mit dem Publikum. Ich denke da an eine wahrhaft feurige Aufführung des letzten Satzes von Beethovens 9. *Symphonie*, die aus Berlin im Fernsehen übertragen wurde. Für manche Chormusik, zum Beispiel die *Missa solemnis*, benutzen Sie nicht einmal den Taktstock, wie der Videofilm zeigt.

KARAJAN: Nein, mir ist es lieber ohne, doch ich muß zugeben, daß die *Missa solemnis* sehr schwer zu dirigieren ist. Manche Stellen verursachen Probleme, die Beethoven vielleicht vermieden haben würde, wenn ihn sein Gehör nicht im Stich gelassen hätte.

OSBORNE: Obwohl die Kunst des Dirigierens immer wieder ein interessantes Thema ist, bleibt sie letzten Endes ein Geheimnis. Irgendwer – ich glaube, es war Klemperer – hat gesagt, Dirigieren sei nicht mehr und nicht weniger als

die »Macht der Suggestion«. Sie müßten doch genug Bei-
spiele kennen, die das bestätigen?

KARAJAN: Im Krieg wurde an der Scala *Freund Fritz* gegeben, und Mascagni war bei der Probe anwesend.[14] Während des berühmten Intermezzos fragte der Dirigent den
Komponisten, ob er ihn kurz vertreten könne. Damals war
Mascagni schon alt und verbittert, krank und steif – wie
mich heute kostete es ihn große Mühe, die Stufen zum Di-
rigentenpult hinaufzukommen. Als er endlich oben ist,
hebt er den Taktstock – und die Musik setzt ein mit einer
Klangentfaltung, auf die bestimmt niemand gefaßt war.
Diesen Augenblick werde ich mein Lebtag nicht vergessen.

5. Kapitel
Sibelius, Richard Strauss und die Zweite Wiener Schule

OSBORNE: Wann kamen Sie zum erstenmal mit der Musik von Sibelius in Berührung?

KARAJAN: Als ich in Aachen war, lud mich der Intendant des schwedischen Rundfunks ein, das neue Rundfunkorchester zu leiten, und ich wurde gebeten, die 6. *Symphonie* zu dirigieren, die damals noch ganz unbekannt war. Mir wurde es insofern leichtgemacht, als die Symphonie in derselben Woche von einem gewissen Pergament-Parmet mit den Stockholmer Philharmonikern einstudiert wurde und ich bei den Proben zuhören konnte.[1]

OSBORNE: Sibelius unterscheidet sich ja in vielerlei Hinsicht von Bruckner, aber ich meine mich zu erinnern, Sie hätten gewisse Affinitäten zwischen beiden ausgemacht.

KARAJAN: Beide haben etwas Elementares. Doch ich habe mich selbst schon oft gefragt, was mich an Sibelius' Musik so fesselt. Es liegt wohl daran, daß er mit keinem anderen Komponisten zu vergleichen ist. Wie ein Findling: Hier ist er, ein Koloß aus einem anderen Zeitalter, und niemand weiß, woher er kommt. Man frage also besser nicht nach dem Warum. Das ist für mich Sibelius. Unergründlich. Vielleicht hängt das mit meiner Vorliebe für einsame Plätze, für die Berge zusammen.

OSBORNE: Anfangs schienen Sie sich auf die späteren Werke zu konzentrieren – ab der 4. *Symphonie*.

KARAJAN: Während des Kriegs dirigierte ich die 1. *Symphonie*, allerdings waren mir die ersten beiden Symphonien ein wenig zu nah an Tschaikowski. Zu der Zeit war Sibelius natürlich ganz und gar unmodern, genau wie Bruckner und sogar Brahms, von dem behauptet wurde, er sei zu »schwer«, liege wie ein Stein im Magen. Wie oft habe ich nicht in Wien nach dem Krieg Sibelius vor halbleerem Saal dirigiert!

OSBORNE: Legge ließ Sie 1951 die 5. *Symphonie* einspielen, es folgten bis zum Sommer 1955 die letzten vier Symphonien. Laut Legge bemerkte Sibelius dazu: »Karajan ist der einzige Dirigent, der in die Tat umsetzt, was ich meinte.«

KARAJAN: Ja, das hat er mir auch erzählt. Sibelius selbst bin ich nie begegnet. Die 4. *Symphonie* ist für mich ein Meilenstein in der Musik; ein sehr diffiziles Werk. Sie gehört zu den wenigen Symphonien, neben Brahms' *Vierter* etwa oder Mahlers *Sechster*, die in komplettem Chaos enden. Und die *Fünfte* übt immer noch einen großen Reiz auf mich aus – besonders, wie man den Schluß bewältigt. Nicht technisch, obwohl auch das gekonnt sein will. Bei Beecham setzte irgendwann ein Trompeter in einer der langen Pausen viel zu früh ein – eine fatale Situation, der man völlig machtlos gegenübersteht. Beecham winkte einfach ab und rief: »Danke, Sir!« Die größere Schwierigkeit ist hier, daß jeder Akkord mit geballter Kraft vorgebracht werden muß. Ich stellte mir dabei neulich eine riesige Brücke vor, deren Träger mit ungeheurer Gewalt emporschwingen und mit gleicher Wucht wieder herabfallen.

OSBORNE: Ihre erste Berliner Einspielung von Sibelius' *Fünfter* zählte zu Glenn Goulds Lieblingsplatten. Er sagte, sie sei die ideale Umsetzung von Sibelius als einem leidenschaftlichen, aber unsinnlichen Komponisten. Kannten Sie Gould?[2]

KARAJAN: Ich war ein großer Bewunderer seines Klavierspiels, besonders seiner Bach-Interpretationen, bei denen

Karajan bei der Einspielung von vier Rossini-Ouvertüren mit dem Philharmonia Orchestra, London 1960.

er ein ganz eigenes Gespür für Tempo und Gestaltung an
den Tag legte. Ich leitete einmal Bachs *d-Moll-Konzert* für
ihn – unser einziges gemeinsames Konzert, glaube ich.

OSBORNE: Nein, Sie spielten auch Beethovens *c-Moll-
Konzert* mit ihm, 1957 in Berlin. In einem seiner Essays
schreibt er, wie er sich vor Stokowski damit brüstete, daß
er in Berlin ein Konzert mit Karajan gehabt hatte.

KARAJAN: Ach ja, das war mir entfallen. Aber ich weiß
noch, daß ich ihn in den USA einmal in aller Herrgotts-
frühe in einem Flughafen traf. Er hatte dort die Nacht über
auf einer Bank geschlafen. Wir unterhielten uns lange und
schmiedeten Pläne für eine Tournee, brachten allerdings
schließlich die Termine durcheinander. Sein Tod bedeutet
für die Musikwelt einen großen Verlust.

OSBORNE: Er war von vielen Ihrer Schallplatten begeistert. Die 4. *Symphonie* von Tschaikowski bei EMI beschrieb er als eine unvergleichlich flüssige Improvisation;
die Einspielung von *Le Sacre*, die Strawinsky verurteilte,
hielt er für die imaginativste und – wörtlich – »inspirierte-
ste« Realisierung des Werks; auch eine Ihrer Einspielungen von Strauss' *Metamorphosen* nannte er.[3]

KARAJAN: Die *Metamorphosen* habe ich von dem Moment
an geliebt, da ich die Partitur zu Gesicht bekam. Von der
ersten bis zur letzten Seite – bis da, wo das »In Memoriam!«
steht und das *Eroica*-Thema zum letztenmal erscheint.
Wußten Sie, daß Strauss erst an dieser Stelle darauf kam,
woher das Thema stammte, so sehr war er vom Komponie-
ren in Anspruch genommen? Es war ein Auftragswerk für
Sacher.[4] Beim Durchspielen schienen mir an manchen Höhepunkten die vorgeschriebenen dreiundzwanzig Streicher
für die erwünschte Wirkung nicht ausreichend. Bevor wir
dann in Wien das Werk einspielten, ließ ich durch einen
gemeinsamen Freund Strauss fragen, ob ich an den ent-
sprechenden Stellen zusätzliche Streicher einsetzen dürfe.

Karajan mit Richard Strauss und Heinz Tietjen, Berlin 1941.

Er gab ihm zur Antwort: »Wenn er die Streicher hat, soll er sich keinen Zwang antun!« Genauso geht es mir mit Schönbergs *Verklärter Nacht*: In der Orchesterfassung finde ich sie viel effektvoller.

OSBORNE: Auf Schönberg und die Zweite Wiener Schule möchte ich noch zu sprechen kommen. – Kannten Sie Strauss persönlich?

KARAJAN: Mit seinem Werk habe ich schon früh zu tun gehabt, ich kannte ihn auch von seinen Aufführungen her, doch genaugenommen bin ich ihm nur einmal begegnet. Ich dirigierte in Berlin die *Elektra* – das war etwa um seinen fünfundsiebzigsten Geburtstag herum –, und er kam hinterher zu mir, um mir zu versichern, das sei die beste Aufführung der Oper gewesen, die er bisher erlebt habe. »Das war's eigentlich nicht, was ich hören wollte. Was habe ich falsch gemacht?« fragte ich ihn. Wahrscheinlich überraschte ihn meine Reaktion, jedenfalls lud er mich für den nächsten Tag zum Essen ein. »Die Musik kam sehr klar«, sagte er, »ein Fortepiano hier, ein Akzent da – aber um die geht's doch gar nicht. Sie brauchen nur ein bißchen mit dem Stab herumzuschlenkern!« Er machte eine Bewegung, als stochere er in Pudding. Was er sagen wollte: Lassen Sie die Musik ganz natürlich fließen. Und dann fügte er noch etwas hinzu, was bei mir einen tiefen Eindruck hinterlassen hat: »Man merkt, daß Sie sich mit der Oper monatelang intensiv befaßt haben, Sie dirigieren sie auswendig, was mir heute unmöglich wäre, da sie schon viel zu weit hinter mir liegt. Also haben wohl Sie recht und nicht ich! Aber«, und er lachte, »vergessen Sie das eine nicht: In fünf Jahren denken Sie schon wieder ganz anders darüber.« Aus ihm sprach die Weisheit eines alten Mannes.

OSBORNE: Was die Idee des natürlich fließenden Tempos angeht – konnte Strauss sie denn als Dirigent in die Tat umsetzen?

KARAJAN: Er hatte ein unfehlbares Rhythmusgefühl –
nicht im metronomischen, militärischen Sinn, eher ein Gespür für den in der Musik verborgenen Rhythmus. Eine
Aufführung, der das fehlt, ist zwangsläufig langweilig. Bei
Strauss hatte man immer den Eindruck, die Musik bewege
sich vorwärts. Sein Mozart war in dieser Beziehung wunderbar.

OSBORNE: Manche seiner Mozart-Einspielungen wirken
eher etwas trocken.

KARAJAN: Ab und zu zeigte er sich von seiner nachlässi-
gen Seite, doch er war als Dirigent überhaupt sehr zurück-
haltend. Bei ihm zeitigte schon die leiseste Bewegung klare
Ergebnisse. Und er ließ beim Dirigieren keinerlei Emotion
erkennen. Sein Aufschlag – Sie wissen ja, wie das bei vielen
Dirigenten aussieht: eine große Aufwärtsbewegung, dann
ein abenteuerlicher Sturzflug –, bei ihm keine Spur davon.
Das Gefühl sprach durch die Musik hindurch. Er kalku-
lierte genau ein, wann die Höhepunkte kamen, niemals
trieb er voran oder verschleppte das Tempo, wie das so oft
zum Schaden der Aufführung praktiziert wird.

OSBORNE: In den Filmen mit ihm sehen wir ihn mit un-
bewegter Miene dirigieren, fast als hätte er eine Maske
auf. Wer war er wirklich? Manche hielten ihn für sehr
naiv, besonders in politischen Fragen.

KARAJAN: Man erklärte ihn sogar für verrückt, aber ich
meine, daß er seine fünf Sinne durchaus beisammen hatte.
Auch als er schon in jungen Jahren sehr erfolgreich war,
machte man sich über seine Musik lustig. Dann kam er zu
Rang und Namen – und zu Geld. Er lebte nicht schlecht,
obwohl er eine Familie zu ernähren hatte. Seine Naivität
war nur aufgesetzt; er rächte sich auf diese Weise an unbe-
deutenderen Leuten. Sie werden wissen, daß er 1933 zum
Präsidenten der Reichsmusikkammer ernannt wurde, in
einer Zeit also, als er gerade mit Stefan Zweig an der

Schweigsamen Frau arbeitete. Er wollte, daß Zweig zur
Realisierung weiterer Projekte nach Deutschland zurück-
käme. Da Zweig aber blieb, wo er war, explodierte
Strauss und schrieb seinen berühmten Brief, in dem er
über die Politiker herzog und alle, die aus politischen
Gründen der Kunst in die Quere kommen.[5] Die Nazis fingen den Brief ab, und Strauss mußte von seinem Amt zu-
rücktreten. Für ihn waren die Nazis nichts als eine Horde
von Wilden.

OSBORNE: Ich habe gehört, Sie hätten die Zeit des Zu-
sammenbruchs Österreich-Ungarns noch in lebhafter
Erinnerung. Ihnen müssen doch einige Ochs von Lerche-
nau über den Weg gelaufen sein, in den zwanziger Jahren
in Salzburg?

KARAJAN: Ochs ist ein bestimmter Typus, und tatsächlich gab es zwischen den beiden Weltkriegen in Österreich genug von seiner Sorte. Sie lebten auf ihren Schlös-
sern, in eher bescheidenem Stil, denn die Zeiten waren
schlecht für Leute seines Stands. Jedesmal, wenn ich
Ochs in den damaligen Inszenierungen sah, ärgerte ich
mich darüber, daß er so übertrieben grotesk dargestellt
wurde. Ochs ist keineswegs ein Hanswurst. Er war am
Hof und ist ein gebildeter Mann. Ihm hängt vielleicht ein
wenig die Landluft an, doch er weiß sich zu benehmen.

OSBORNE: So wie Falstaff?

KARAJAN: Wie Falstaff. Den Ochs ereilt ein Mißgeschick
nach dem andern, seine Frauengeschichten und so weiter.
Im dritten Akt stellt er fest, daß alle Welt gegen ihn ist,
bleibt jedoch hellsichtig genug, sich als Opfer seiner eigenen Schwächen zu erkennen.

OSBORNE: 1964 dirigierten Sie in Salzburg wieder *Elektra* – ich erinnere mich, daß Szell, der ebenfalls Strauss
gekannt hatte, Ihnen und allen Mitwirkenden aus ehrli-
cher Überzeugung lange applaudierte –, außerdem war

Salome angekündigt. Es sollte allerdings Jahre dauern, bis sie herausgebracht wurde.

KARAJAN: Das lag daran, daß ich damals keine geeignete Salome finden konnte. Strauss selbst hatte sich einmal bitter bei mir beklagt: »Heutzutage singen nur noch die schweren Stimmen diese Partie; die Entwicklung hat sich in dieser Richtung verselbständigt. Das ist aber gar nicht in meinem Sinn.« Die Idealbesetzung war für ihn die Cebotari.[6]

OSBORNE: Und Welitsch?[7]

KARAJAN: O ja, sie war eine Ausnahme, nur von der Erscheinung her nicht ganz... jedenfalls hatte ich beschlossen, in der *Salome* nie die Sängerin tanzen zu lassen. Entweder mißlingt der Tanz, oder wenn sie einen tollen Tanz aufs Parkett legt, hat sie keine Kraft mehr für das Finale.

OSBORNE: Mitte der Siebziger entdeckten Sie Hildegard Behrens.

KARAJAN: Ich fuhr eigens nach Düsseldorf, um sie mir anzuhören. Als wir ins Theater kamen, sang sie gerade, und noch auf dem Weg zu unseren Plätzen konnte ich meinem Begleiter zuflüstern, dies sei endlich die gesuchte Salome. Ihre Stimme war ganz ähnlich wie die der Cebotari, jedoch viel charakteristischer. Sie verfügte über die Technik, die man für die Partie braucht, sie sang bis zum hohen F, wenn es sein mußte, und wurde auch mit den leisen und tiefen Tönen der Salome fertig – viel wichtiger noch: Ihre Stimme hatte eine unglaublich erotische Ausstrahlung.

OSBORNE: Die Produktion wurde ein Riesenerfolg. Bernstein sagte erst kürzlich wieder, er halte sie für die bisher beste *Salome*.

KARAJAN: Ich weiß. Nur eins wurmt mich bis heute: daß wir sie nicht verfilmt haben.[8] Wir hatten die Behrens, wir hatten die Bühnenbilder – haben Sie jemals die Bühnenbilder für die Uraufführung der *Salome* gesehen? Die spotten jeder Beschreibung!

OSBORNE: Nun ja, Sie haben selbst einmal gesagt, daß die Belle Époque – die Zeit von *Lulu* und Jacques-Henri Lartigue – nicht nach Ihrem Geschmack ist. Ihre Einspielungen der Orchesterwerke von Strauss sind legendär geworden, einschließlich der *Symphonia domestica* und der *Alpensymphonie,* zu deren Rehabilitierung Sie nicht wenig beigetragen haben.

KARAJAN: Als die Deutsche Grammophon wegen der *Alpensymphonie* an mich herantrat, warnte ich sie, daß das sehr kostspielig werden könnte. Das Werk erfordert eine sehr große Besetzung, und ich brauchte viele Proben, um es dem Orchester ausreichend erklären zu können.[9] Die Symphonie beweist Strauss' tiefes Naturgefühl und seine Stärke im musikalischen Epilog. Der meiner Ansicht nach großartigste Epilog steht am Ende von *Don Quixote,* dort, wo Quixote dem Sinn nach sagt: »Ich habe mich durchs Leben geschlagen; ich habe Fehler gemacht, aber mein Leben gelebt, nach bestem Wissen und Gewissen, gemäß der Welt, wie ich sie sehe.« Das bewegt mich sehr. Immer wieder komme ich auf dieses Werk zurück. Unsere letzte Einspielung finde ich besonders gelungen, weil der Cellist Antonio Meneses dem Epilog eine wunderschöne Linienführung zu geben vermochte. Ich habe es aber mehrmals eingespielt: mit Fournier und Rostropowitsch. Rostropowitsch war hinreißend. In der Probe ließ er bei seinem ersten Einsatz nur ein häßlich langgezogenes Gebrumm hören. Ich war so konsterniert, daß ich abbrach und zu ihm ging. »Slawa«, fragte ich ihn, »dir geht's doch gut, oder?« Er sah mich an: »Ja, aber du mußt wissen, ich reite da einen wirklich alten Klepper.« Wunderbar! Während der Probenarbeit und der Aufnahmesitzungen rührt er keinen Tropfen Alkohol an, doch hinterher geht's ziemlich feuchtfröhlich zu. Ich mag ihn wirklich sehr gern.

Karajan mit Mstislaw Rostropowitsch in der Jesus-Christus-Kirche, Berlin 1968.

OSBORNE: Apropos Epilog, Ein-Ende-Finden und Vergehen der Zeit: wie sehen Sie die Marschallin?

KARAJAN: Als eine Frau, die nach unseren Begriffen jung an Jahren ist und alt nach denen ihrer Zeit. Der erste Akt schließt mit einer Erkenntnis der Marschallin – einer Erkenntnis, wie wir sie alle schon einmal hatten, wenn uns zu Bewußtsein kam, daß etwas, was uns lieb und teuer war, für immer entschwunden ist. Das ist noch keine Tragödie. Tragisch wird es, wenn man wider die Umstände zu handeln versucht: Wir werden meist durch ein Fehlurteil in eine Tragödie verwickelt. Die Marschallin hingegen urteilt gar nicht falsch, ebensowenig verklärt sie die Situation. Sie ist sich der Folgen ihres Handelns bewußt.

OSBORNE: Strauss schrieb ja in hohem Alter besonders schöne Musik.

KARAJAN: Und sie ist sehr eingängig – die *Vier letzten Lieder*, die *Metamorphosen* und das herrliche *Oboenkonzert*. Man begreift, weshalb es in jeder höherentwickelten Kultur einen Ältestenrat gibt. Im Alter hat man einen reichen Erfahrungsschatz und kann viel weitergeben.

OSBORNE: Und Mahler? Sie weigerten sich konsequent, ihn zu dirigieren, bis Sie die Zeit für reif hielten. Was veranlaßte Sie dazu?

KARAJAN: Das kann ich Ihnen ganz genau sagen. Als Student verbrachte ich drei Jahre in Wien; dort war diese Musik – Mahler, Webern, Schönberg – unser tägliches Brot. Nach dem Krieg bot sich mir die Chance, alle Mahler-Symphonien zu dirigieren. »Wie viele Proben?« – »Zwei pro Konzert.« – »Danke sehr, meine Herren, dann ohne mich.« Mahler ist für jedes Orchester sehr schwer. Zunächst einmal muß man sich seine Palette zusammenstellen, wie ein Maler sagen würde. Aber das ist leichter gesagt als getan, und die größte Gefahr besteht darin, daß die

Musik, wenn sie nicht perfekt gespielt wird, sehr schnell banal klingen kann. Ich führe viel leichte Musik auf; es fällt einem Orchester schon manchmal sehr schwer, den richtigen Ton zu treffen. Ich habe einmal eine ganze Probe für die Barkarole aus *Hoffmanns Erzählungen* gebraucht, die für mein Empfinden zu den tragischsten Stücken der Oper gehört. Sie hat überhaupt nichts mit Freude oder Fröhlichkeit zu tun: Ein Mensch steht an der Schwelle des Todes. Und bei Mahler ist das ganz ähnlich. Die 5. *Symphonie* bereiteten wir vor, indem wir sie probeweise einspielten, noch einmal überarbeiteten und dann erst endgültig einspielten – sechzig Stunden vor der ersten öffentlichen Aufführung.[10]

OSBORNE: Ich erinnere mich an die Berliner Konzerte vom Dezember 1977. Sie wurden von einer atemlosen Spannung getragen und unterschieden sich ganz wesentlich von der ersten Einspielung.

KARAJAN: Ich weiß noch gut, was für ein anstrengendes Werk das ist. Am Ende meint man, sich nicht mehr erinnern zu können, vor wie langer Zeit man damit angefangen hat. Nach den ersten beiden Sätzen, nach solcher Qual, kann man eigentlich gar nicht anders, als die Musik dahinströmen zu lassen. Doch gerade der dritte Satz ist der allerschwierigste. Er verlangt höchstes Können.

OSBORNE: Erkennen Sie in den ersten beiden Sätzen der *Fünften* und in der ganzen *Sechsten* einen gewissen prophetischen Zug, oder sehen Sie sie als absolute Musik an?

KARAJAN: Der Untergang einer Kultur und die Vorausahnung des Kommenden sind zweifelsohne darin enthalten. Von jeher hatte das Genie allen anderen Menschen die Sehergabe voraus.

OSBORNE: Die großen Mahler-Dirigenten der Vergangenheit, Bruno Walter zum Beispiel, führten seine Musik offenbar aus einer österreichisch-ungarischen Tradition

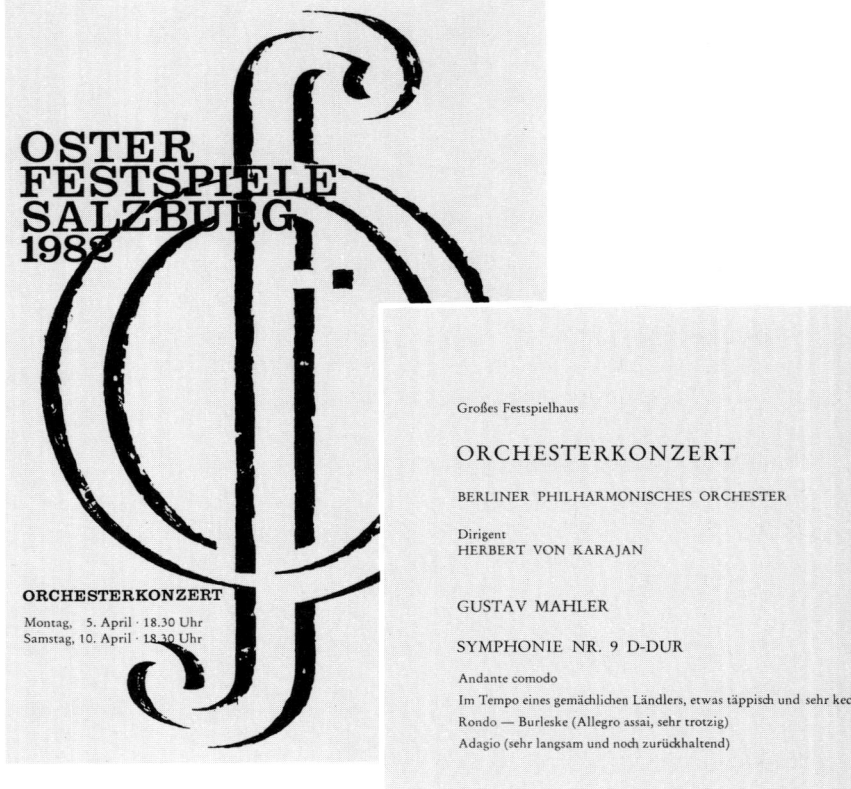

Aus dem Programm der Salzburger Osterfestspiele 1982.

heraus auf – voller Wehmut und Morbidität, das Tragische heraufbeschwörend. Ihre Mahler-Interpretationen bringen das Tragische in einer etwas reineren, strengeren Form zum Ausdruck.

KARAJAN: Die *Sechste* ist für mich eine der größten Symphonien – dabei wurde sie früher so selten gespielt. Hier stehen wir vor der nackten Katastrophe. Nicht anders bei der *Neunten*, in der allerdings eine vollendete Schönheit und die Versöhnung mit dem Tod hinzukommen. Der Schluß dieser Symphonie stellt den Dirigenten vor ungeahnte Schwierigkeiten.

OSBORNE: Ihre Arbeit an der *Neunten* erstreckte sich über fast vier Jahre: erst die Schallplatteneinspielung, dann die Konzerte von 1982 und schließlich die Berliner Live-Aufnahme für CD im September 1982.

KARAJAN: Bei dieser CD hatten wir den Eindruck, daß wir ohne die Hintergrundgeräusche aus dem Konzertsaal zu einem noch besseren Ergebnis gekommen wären. Ich hatte mich in einem solchen Ausmaß in die Symphonie hineingesteigert, daß ich mich kein weiteres Mal an sie heranwagte – und das will etwas heißen.

OSBORNE: Ich erinnere mich an die Salzburger Osterfestspiele von 1982. Wir hatten für das Abendessen nach dem Konzert einen Tisch reserviert – Sie beginnen ja Ihre Konzerte früh genug, damit man sich noch voll auf die Musik konzentrieren kann –, aber wir mußten ihn wieder abbestellen, weil wir keinen Bissen hinunterbekommen hätten.

KARAJAN: Mir ging es genauso. So etwas erlebt man einmal und nie wieder.

OSBORNE: Sie erwähnten die Schwierigkeiten, die Webern in den dreißiger Jahren mit dürftigen Aufführungen seiner Werke hatte. Ihre der Zweiten Wiener Schule vorbehaltene Viererkassette war, soweit ich weiß, eines Ihrer Lieblingsprojekte.[11]

KARAJAN: Keiner wollte das finanzieren, also bezahlte ich es aus eigener Tasche. Aber wissen Sie was? Ich habe ausgerechnet, daß alle Kassetten, die wir schließlich verkauften, aufeinandergestapelt bis zur Spitze des Eiffelturms reichen würden. Darüber habe ich mich riesig gefreut.

OSBORNE: Sie machten von der Aufnahmetechnik einen ganz speziellen Gebrauch, besonders in Schönbergs *Variationen* op. 31.

KARAJAN: Wir begannen mit dem Projekt Jahre vor den Aufnahmen und ließen uns viel Zeit, um uns mit der Musik vertraut zu machen, indem wir sie bei Abonnement- und Jugendkonzerten spielten. Ich wußte von Anfang an, daß Schönbergs Angaben in den *Variationen* ganz unüblich und schwer zu befolgen sind, selbst in akustisch günstigen Konzertsälen. Bei den Aufnahmen setzten wir für jede Variation das Orchester um, damit wir die optimale Akustik erreichten, wie man sie sich beim Lesen der Partitur vorstellt. Es gab Leute, die kritisierten, das wäre eine »Manipulation« der Musik mittels Technik – dabei ist es genau das Gegenteil. Wenn Schönberg verlangt, daß die Pikkoloflöte »pianissimo possibile« spielt – auf gut deutsch »so schwach wie möglich« –, während das Fagott und die Streicher sich auf ganz anderen dynamischen Ebenen bewegen, weiß ich von vornherein, daß das mit der konventionellen Orchesteraufstellung nicht zu schaffen ist.[12] Die Gestaltung der Schönberg-*Variationen* war technisch am interessantesten.[13]

OSBORNE: Sie schrieben selbst eine Einführung – fast ein Manifest – für die Kassette. Darin wurden einige ästhetische Gesichtspunkte angesprochen, auch die Frage, ob ein Klang grundsätzlich häßlich sein kann.

KARAJAN: »Alle Dissonanzen müssen wir so schön wie möglich spielen«, sagte ich immer zum Orchester. Eine

*Dmitri Schostakowitsch mit Karajan und den Berliner Philhar-
monikern nach der Aufführung der 10. Symphonie von Schostakowitsch im Moskauer Konservatorium 1969.*

Dissonanz ist noch lange keine Entschuldigung für
scheußliche oder unsaubere Töne.[14]

OSBORNE: Mozart sagte einmal, daß Leidenschaften,
seien sie heftig oder nicht, niemals so ausgedrückt werden
sollten, daß sie Ekel erregen.[15] Doch Sie waren offensichtlich von der Musik dieser Kassette begeistert, insbesondere von den Schönberg-*Variationen* und der Webern-
Symphonie.

KARAJAN: Ja, obwohl ich letzten Endes immer Bergs
Drei Orchesterstücke am ergreifendsten finde. Ein teuf-
lisch schwieriges Werk. Er schrieb es kurz vor Kriegsaus-
bruch. Das aufzuführen kommt einem Akt der Selbstzer-
störung gleich: Es frißt einen förmlich auf, und man
braucht zwei bis drei Tage, bis man sich wieder davon er-
holt hat.

OSBORNE: Sie waren sechs Jahre alt, als der Erste Weltkrieg begann; später sollten Sie die heftigen Luftangriffe
auf Berlin miterleben. Vielleicht ist es also kein Zufall,
daß manche Ihrer Interpretationen, die den nachhaltig-
sten Eindruck auf die Zuhörer machten, Werke wie Bergs
Drei Orchesterstücke und Honeggers *Liturgische Symphonie* waren. Außerdem merkt man, daß Ihnen Schostakowitschs 10. *Symphonie* sehr viel bedeutet hat.

KARAJAN: Zu meinen schönsten Erlebnissen gehört, daß
ich sie bei unserem letzten Aufenthalt in Moskau für
Schostakowitsch spielen konnte. Das Orchester übertraf
sich selbst. Schostakowitsch war ganz aufgeregt und zugleich tief gerührt: »Ich kann es nicht in Worte fassen,
aber...«

OSBORNE: Was erhofft sich ein Dirigent, wenn er vor
einem Komponisten dessen Symphonie spielt?

KARAJAN: In diesem Fall, daß ich die Symphonie so auf-
führe, wie Schostakowitsch es sich erträumt hat.

OSBORNE: Sie haben im Lauf der Jahre weit mehr zeitgenössische Musik gespielt, als man sich im allgemeinen vergegenwärtigt: eine Zeitlang viel Henze und danach die verschiedensten Komponisten bis zu Ligeti und Penderecki.

KARAJAN: Ich kann mich zu solcher Musik aber nur dann entschließen, wenn ich völlig von ihr überzeugt bin. Manches liegt einem, doch bei anderen Sachen beißt man sich die Zähne aus – wenn man eine Partitur studiert und beim besten Willen nicht dahinterkommt, was der Komponist eigentlich meint. Da läßt man dann besser ganz die Finger davon. Etwas läßt sich jetzt schon voraussehen: daß die nächste Generation nicht die geringsten Schwierigkeiten mit der Musik von heute haben wird. Der menschliche Geist ist nicht beweglich genug, sich jedem Stilwandel gleich anzupassen, doch wenn der Weg vorgezeichnet ist, wird die Musik zu guter Letzt verstanden. Ich weiß noch genau, wie Bartóks *Musik für Saiteninstrumente, Schlagzeug und Celesta* für unspielbar gehalten wurde, und heute spult man das herunter wie ein Concerto grosso von Händel. Bei unserer zweiten Berliner Einspielung nahmen wir das Stück, das insgesamt einunddreißig Minuten dauert, in nur vierzig Minuten auf.[16] Das Orchester hätte es auch ohne Dirigenten geschafft, so gut konnten wir es damals. Aber in diesen Dingen wartete ich ab, ich ließ sie reifen, bis ich das Orchester ganz in der Hand hatte.

OSBORNE: Hören Sie sich vorhandene Einspielungen eines Komponisten genauer an? Von Strawinsky zum Beispiel?

KARAJAN: Natürlich. Die Frage ist nur, wie weit es dem Dirigenten Strawinsky gelungen ist, das Werk des Komponisten Strawinsky umzusetzen.

OSBORNE: »Der Rhythmus muß organisch behandelt werden, nicht metronomisch«, sagten Sie einmal zum

Sacre. Sie hatten lange Zeit vor, *Le Sacre* auf die Bühne zu bringen?

KARAJAN: Ja, ich hatte eine Produktion mit Balanchine im Sinn, aber es kam nie dazu, und jetzt gibt es niemanden mehr, mit dem ich es machen möchte.[17]

OSBORNE: Wann sind Sie Balanchine begegnet? War das in den dreißiger Jahren, nachdem er Diaghilews Ballets Russes verlassen hatte?

KARAJAN: Nein, viel später. Natürlich kannte ich seine Choreographien, so den *Apollon*, ein Werk, das ich oft dirigiert habe. Seine Choreographie von Strawinskys *Agon* hat mich sehr beeindruckt. Er hatte einen in seiner Einfachheit genialen Begriff von Choreographie; und als Musikkenner – Ballettmusik und symphonische Werke – stand er einem Dirigenten in nichts nach. Diese Kombination von Simplizität und profunden Kenntnissen in der Musik fand ich einmalig.

OSBORNE: Und mit Cocteau machten Sie *Oedipus Rex*.

KARAJAN: Er kam zu unserer Produktion nach Wien und war der Sprecher. Eine außergewöhnliche Persönlichkeit, ein Mann mit Sinn für alle Künste. Ich holte ihn vom Flughafen ab. Er redete wie ein Buch, doch alles, was er sagte, hatte Hand und Fuß. Ich möchte den *Oedipus* gerne einmal konzertant aufführen, mit bestimmten Lichteffekten.

OSBORNE: Sie wollten doch auch Bellinis *Norma* auf diese Weise inszenieren.

KARAJAN: Vielleicht könnte man sie als Oratorium aufführen. Ganz bestimmt würde ich *Norma* nie im Theater herausbringen; ich habe sie mir angesehen... na ja, die Leute kommen eigentlich nur wegen der Sänger. Vor ein paar Jahren hätten wir sie einspielen können – das ist schon großartige Musik, kein Wunder, daß Wagner überwältigt war.

OSBORNE: Um noch einen zeitgenössischen Komponisten

zu nennen: William Walton. Er war ein Verehrer von Ihnen, seit er eine sensationelle Aufführung von *Belshazzar's
Feast* unter Ihrer Stabführung gehört hatte.

KARAJAN: Ich mochte ihn sehr gern. Er konnte sehr witzig
sein. Irgendwann rief er mich einmal an und sagte: »Ich
arbeite gerade an einem Thema mit Variationen. Die Variationen habe ich schon, jetzt fehlt mir nur noch das
Thema.«[18] Ein feiner Kerl!

6. *Kapitel*
Schallplatte und Film —
das Vermächtnis

OSBORNE: Schallplatten machten Sie erstmals 1938 in Berlin, und zwar mit der Staatskapelle. Eingespielt wurde die Ouvertüre zur *Zauberflöte*. Die Gaslichtzeit nannten Sie jene Jahre, glaube ich.

KARAJAN: Ja, die damaligen Schallplatten mit achtundsiebzig Umdrehungen pro Minute und vier Minuten Spieldauer pro Seite kosteten einen viel Nerven — vom Lärm der Flugzeuge ganz zu schweigen. Wir verloren auch viele Aufnahmen: Die Wachsmatrizen zerbrachen leicht. Einmal kam eine Flugzeugladung verspätet an, und als dann die Platten ausgepackt wurden, waren sie alle gesprungen, weil sie Frost abbekommen hatten.

OSBORNE: Ihre eigentliche Plattenkarriere nahm 1946 unter Legge ihren Anfang. Was mich beeindruckt, sind nicht nur das große Repertoire, das Sie mit den Einspielungen abdeckten, und der enorme Verkaufserfolg, inzwischen wohl an die hundert Millionen Stück, sondern auch der kreative Umgang mit dem Medium Schallplatte, verbunden mit der jahrelangen Arbeit mit den Berliner Philharmonikern. Als ich Sie kennenlernte, waren Sie gerade bei Ihrer zweiten Gesamtaufnahme der Beethoven-Symphonien.

KARAJAN: Normalerweise geht eine Schallplattenaufnahme so vor sich: Die Symphonie wird gespielt, geprobt und aufgenommen, und damit basta. Ich hingegen konnte in diesem Fall alle Symphonien mit dem Orchester durchspielen und für die nächsten drei Monate ruhenlassen. Dann griffen wir sie wieder auf, eine nach der andern, und fragten uns: »Worauf wollen wir hinaus?« Nach und nach entdeckt man, was man falsch gemacht hat. Aber dafür braucht man viel, viel Zeit. Beim erstenmal klappt irgendwas gut, doch mit etwas Abstand erkennt man vielleicht, daß es gar nicht stimmte. Und da erst begannen wir mit der *richtigen* Arbeit und mit der endgültigen Einspielung. Nach einem halben Jahr kamen dann die Bänder, und wir ließen sie mit eventuellen Änderungswünschen zurückgehen. Die »Marcia funebre« aus der *Eroica* nahmen wir ganz neu auf, weil ich merkte, daß das Tempo falsch war. Wenn sich die Arbeit über eine lange Zeit erstreckt, kann man sozusagen in sich hineinhorchen und ein großes Kunstwerk erstehen sehen. Die Partitur aus der Tasche ziehen und aufs Notenpult werfen ist nicht meine Art.

OSBORNE: Erfolgt eine Plattenaufnahme in einer anderen Zeitdimension als eine Live-Aufführung?

KARAJAN: Nein. Dieses Märchen wollte man mir bei meinen ersten Platten erzählen: Man müsse alles schneller spielen. Für mich gibt es da keinen Unterschied. Und jetzt haben wir auch noch das Glück, daß wir in der Philharmonie sowohl Live-Konzerte als auch Schallplattenaufnahmen machen können. Ein großer Fortschritt – nicht mehr im Studio arbeiten zu müssen.

OSBORNE: Bei Schönbergs *Variationen für Orchester* op. 31 machten Sie von der Aufnahmetechnik ziemlich radikal Gebrauch, nicht wahr?

KARAJAN: Ich wollte einen Klang erzeugen, wie man ihn im Konzertsaal nie hervorbringen könnte, einen Klang, der bisher nur in der Vorstellung existierte und den wir allein im Aufnahmeprozeß realisieren konnten.

OSBORNE: Hier wie sonst hatten Sie ein seit Jahren erprobtes Team zur Verfügung.

Der Sony-Chef Akio Morita mit Karajan bei der ersten öffentlichen Präsentation der Compact Disc in Salzburg, Ostern 1981.

KARAJAN: Hermanns arbeitet schon zwanzig Jahre für mich – er ist der beste Toningenieur, den ich kenne.[1] Glotz ist seit langem mein Aufnahmeleiter.[2] Seinem Urteil vertraue ich blind. Sein Gehör ist so gut wie meins, und er kann mit dem Team umgehen, er hält die Leute bei der Stange und achtet darauf, daß ihre Leistung gebührend gewürdigt wird. Er macht sogar jedem ab und zu kleine Geschenke! Glotz ist für alles verantwortlich, für Ton- und Musikregie und so weiter.

OSBORNE: Daneben haben Sie Ihre Teams für die Filmarbeit, geleitet von Ernst Wild und anderen.

KARAJAN: Was ich heute auf dem Gebiet kann, habe ich mit ihnen zusammen erworben. Man wächst zusammen wie eine Mannschaft auf einer Hochseejacht, und über Jahre hinweg meistert man alle Schwierigkeiten gemeinsam.

OSBORNE: Äußerten Sie nicht schon 1947 die Absicht, eines Tages Musikfilme zu machen?

KARAJAN: Das ist letzten Endes auf das gesteigerte Interesse unseres Jahrhunderts an Musik zurückzuführen. Als ich jung war, besuchten vielleicht zwei-, dreihundert Leute ein Konzert, um Musik zu hören, von der die meisten Leute draußen nicht die blasseste Ahnung hatten. Heute ist die Musik zu einer Art Weltsprache geworden; durch Platte und Film erreicht man Millionen. So vielen Menschen Musik nahezubringen ist mir die größte Genugtuung. Musik ist nicht mehr nur den Eingeweihten oder Betuchten vorbehalten, die es natürlich immer noch gibt – inzwischen sprechen wir ein viel größeres Publikum an.

OSBORNE: Bloß auf welchem künstlerischen Niveau? Vor ein paar Wochen sah ich im Fernsehen eine Live-Übertragung des *Troubadour* aus der Met in New York, die nur die schlimmsten Vorurteile gegen die Oper bestätigen konnte – langweilige Inszenierung, langweilige Verfilmung, das Ganze zum Starkult aufgebläht.[3]

KARAJAN: Ich weiß, das kam auch bei uns. Meine Reaktion auf solche Leute: Wenn ihr's nicht richtig könnt, dann laßt es lieber bleiben! Ich fürchte allmählich, daß eine Zeit der schlimmsten Massenproduktion angebrochen ist. Über kurz oder lang werden wir mit Schund überschwemmt werden, wenn wir nicht aufpassen.

OSBORNE: Die Leute denken immer, weil Sie Millionen Schallplatten verkauft haben und Filme machen, wären Sie an dieser Entwicklung maßgeblich beteiligt. Daher fände ich es ganz sinnvoll, wenn wir ein wenig näher auf die Frage eingingen, wie Ihre filmische Arbeit in Wirklichkeit aussieht. Sie reicht bis in die sechziger Jahre zurück, nicht wahr?

KARAJAN: Über zwanzig Jahre lang habe ich herumexperimentiert, wie man Musik zeigt: nicht nur die Aktion des Orchesters, sondern auch die Einbeziehung der Instrumente in den musikalischen Diskurs. Ein, zwei alte Filme gibt es jetzt auf CD-Videos, weil sie wichtige Dokumente bestimmter Künstler sind.[4] Aber zwischen diesen und den Filmen, wie ich sie jetzt mache, liegt ein himmelweiter Unterschied. Wir haben in den letzten Jahren eine Menge dazugelernt, und die alten Filme können wir sozusagen vergessen – genauso wie man auch nicht mehr in einem dreißig Jahre alten Auto herumkutschieren würde.

OSBORNE: Lernen Sie nicht irgend etwas dabei, wenn Sie Ihre alten Filme wieder ansehen?

KARAJAN: Doch, natürlich. Oft bekommt man gesagt, dies oder das sei noch nicht ganz richtig. Doch erst wenn man es selbst sieht, erkennt man das Problem.

OSBORNE: Der Film wird unser Bild vom Dirigenten verändern. Früher war der Mann am Pult eine mysteriöse Gestalt, die man meist nur von hinten zu Gesicht bekam.

Elias Canetti mutmaßte bereits, daß der Bann gebrochen
wäre, würde der Dirigent sich während des Konzerts auch
nur ein einziges Mal umdrehen.[5]

KARAJAN: Unsere Erfahrung in der Philharmonie spricht
dagegen. Obwohl hier der Klang überall gleich gut ist,
wollten von Anfang an die meisten Abonnenten einen
Platz, von dem aus sie dem Dirigenten ins Gesicht sehen
und so die Aufführung am besten verfolgen können.

OSBORNE: Man kann doch von jedem Platz aus alles
übersehen. So viele Fernsehaufzeichnungen – manche liegen inzwischen auf CD-Video vor – zeigen endlose, oft
auch ganz sinnlose Aufnahmen des Dirigenten und lassen
die musikalischen Vorgänge um ihn herum völlig außer
acht. Es gibt ein Bruckner-CD-Video, bei dem der Dirigent
an einer Stelle, an der er absolut nichts zu tun hat, gefilmt
wird, während das Orchester eifrig damit beschäftigt ist,
einen neuen Abschnitt in der Musik einzuleiten.

KARAJAN: Ja, so etwas habe ich auch schon oft gesehen.
Wir vermeiden das tunlichst. In meinen Filmen erscheint
der Dirigent meist die ganze Zeit in einer Einstellung. Wir
haben aber die Möglichkeit, nicht nur den Dirigenten oder
das Orchester ins Bild zu bekommen, sondern auch Musik
und Musizierende in ihrer Gesamtheit. Zunächst einmal:
Wir arbeiten mit drei Reihen von je fünf Kameras – rechts,
links und diagonal. Zu Beginn der Dreharbeiten holen wir
uns ein Studentenorchester und proben drei Tage lang
in insgesamt sechs Aufnahmesitzungen. Währenddessen
sitze ich vor dem Monitor und probiere alles für die tat-
sächlichen Aufnahmen aus. Die Kernfrage ist: Was soll die
Musik aussagen? Wegen der vielen Kameras stehen mir
unzählige Möglichkeiten offen, und wenn wir sauber arbeiten, erzeugen wir schon mit einer einzigen Aufnahme eine
große Aussagekraft. Zum Beispiel haben die Violinen vielleicht die Hauptstimme und die Bratschen eine wichtige

Gegenstimme oder eine entscheidende harmonische Wendung – wir zeigen nun die Violinbögen im Vordergrund, dazu den Dirigenten und im Hintergrund, scharf eingestellt, die Bratschen.

OSBORNE: Es gibt bestimmt Regisseure, die zumindest von sich behaupten, etwas Ähnliches schon lange zu praktizieren, nur mit weniger aufwendigen Mitteln. Ihnen dürfte jedoch Ohr und Auge des Dirigenten fehlen.

KARAJAN: Wenn ich eine Symphonie dirigiere oder einen Film mache, stelle ich mir immer das gesamte Werk vor. Das hat bei mir nichts mit einem photographischen Gedächtnis zu tun. Mein Freund Mitropoulos hatte eins – die Musiker brauchten ihn nur anzusehen und wußten: »Jetzt blättert er um!«[6] Ich merke mir den Klang einer ganzen Phrase. Selbstverständlich ist es mein Ziel, den Aufbau eines Werks deutlich zu machen, die Zu- und Abnahme der Spannung, die musikalische Linie, die verschiedenen Stimmen und so weiter.

OSBORNE: Ich glaube nicht, daß man das überall richtig verstanden hat. Viele Leute haben wohl den Eindruck, bei diesen Filmen handle es sich nur um eine teure Spielerei, während Sie in Wirklichkeit der erste Dirigent sind, der das Medium Film als integralen Bestandteil in seine Interpretationen einbezieht.

KARAJAN: Und zwar um die Musik sichtbar und damit verständlicher zu machen. Vor ein paar Jahren rief mich jemand an, um mir zu sagen, daß er in Beethovens *Fünfter* manches erst jetzt gehört habe. »Das freut mich«, sagte ich, »doch die Aufzeichnung, von der Sie sprechen, ist ein Film. Meinen Sie nicht vielleicht *gesehen*?« – »Nein, ich meine *gehört*.« Das ist, wenn richtig angewendet, die Macht des Films.

OSBORNE: Während ich mir Brahms' 2. *Symphonie* ansah, vergaß ich wirklich, daß das ein Film ist, so fasziniert

war ich von den neuen Klangfarben, die das Auge voraus-
sah aufgrund der Kameraführung, dadurch, wie die Bratschen und Posaunen an den ruhigeren Stellen des Werks
ins Bild gebracht wurden.

KARAJAN: Das Ideal wäre, daß Bild und Klang zusam-
menfallen. Beim Anschauen des Films *Apocalypse Now*
machte ich eine ganz eigenartige Erfahrung: Die berühmte
Szene, als die Hubschrauber sich zum Angriff am Himmel
sammeln, ist mit einer mir sehr vertrauten Musik unterlegt
– aber ich war von Coppolas Regie so gefangen, den Hub-
schraubern und der Musik, daß ich erst lange danach das
Musikstück erkannte.[7]

OSBORNE: Sie ziehen Nahaufnahmen den vagen Einstel-
lungen aus mittlerer Distanz vor, wie wir sie von manchen
Konzertübertragungen kennen.

KARAJAN: Der Höchstabstand sollte nicht mehr als vier
bis fünf Meter betragen. Ganz selten zeige ich das gesamte
Orchester, am Schluß vielleicht, mit reduzierter Beleuchtung.

OSBORNE: Nach Ihren Probeaufnahmen und mit den
fünfzehn Kameras können Sie offensichtlich vielen Problemen aus dem Weg gehen, die sonst bei Live-Übertragun-
gen oft auftreten. Zum Beispiel können Sie die Beleuchtung ausgleichen.

KARAJAN: Ja, sicher, das ist nicht zu unterschätzen. Zum
Beispiel kann jemand von der einen Seite sehr gut aussehen
und von der anderen eher käsig: das macht schon einen
großen Unterschied.

OSBORNE: Entgegen Zeitungsberichten filmen Sie nicht
nur die Instrumente ohne die Gesichter der Musiker.

KARAJAN: Das hängt natürlich davon ab, was am besten
zur Musik paßt. Das eine Mal ist ein Instrumentalist gut
getroffen, und trotzdem müssen wir noch ein paar nach-
trägliche Aufnahmen im Studio machen.[8] Ein andermal

Karajan gibt Anweisungen bei einer Verfilmung von Orchester-musik.

bringen wir nur die Instrumente ins Bild, und dabei gelingen fast abstrakte Effekte. In Smetanas *Moldau* können in der Nachtszene die Lichter und die Konturen der Instrumente einen Eindruck nächtlichen Mondscheins hervorrufen.[9] Man braucht ja nicht zu übertreiben, aber die Stimmung kann wenigstens angedeutet werden.

OSBORNE: Fast unterbewußt?

KARAJAN: Ja. Und hier wird es interessant. Wie kurz darf eine Einstellung sein? In vielen Ländern ist es ja verboten, in Werbefilme Bilder von weniger als soundso vielen Sekundenbruchteilen einzublenden – sonst würden die Zuschauer manipuliert. Aber ich kann ja tun und lassen, was ich will, also auch ruhig mal ein oder zwei Einzelbilder von den Pauken einbauen, um irgendeinen Moment in der Musik zu verdeutlichen.

OSBORNE: Das Filmen von Orchestermusik ist offensichtlich eine Kunst, über die Sie schon viel nachgedacht haben und in der Sie Pionierarbeit leisten, vor dem Hintergrund Ihrer langen musikalischen und interpretatorischen Erfahrung. Ist von Ihren Salzburger Produktionen auch schon etwas verfilmt worden?

KARAJAN: Ja. Wir haben natürlich längst nicht alles aufgenommen. Wie gesagt, ich bedaure zutiefst, daß wir keinen *Salome*-Film haben. In der Oper kann man auch immer nur dazulernen. Einige ältere Filme – der *Don Giovanni* zum Beispiel – waren zwar interessant, aber technisch schlecht.[10] Wenn die Zerlina singt, klingt es, als käme die Stimme nicht aus ihrer Kehle, sondern aus einem Baum am anderen Ende der Bühne.

OSBORNE: Wie stehen Sie zu Untertitelungen und mehrsprachige Versionen von CD-Videos?

KARAJAN: Damit will ich nichts zu tun haben. Untertitel würde ich nie zulassen. Hier geht es ja um Home-Video, und wenn jemand den Text nicht versteht, kann er sich schließlich ein zweisprachiges Libretto zulegen. Niemals würde ich Untertitel auf dem Film selbst erlauben.[11]

OSBORNE: Man muß wissen, daß Home-Video kein Video-Tape, sondern CD-Video ist mit Bildschirm und Digital-Sound aus Hi-Fi-Lautsprechern.

KARAJAN: Und deswegen suchen wir noch nach einem passenden Namen. Die Gesellschaft nennt sich Telemondial, hat aber weder etwas mit Fernsehen noch mit normalem Video zu tun. Wir brauchen einen neuen Namen für die CD-Videos, wenn sie dann herauskommen.

OSBORNE: Sie haben über fünfzig Millionen Mark in das Projekt gesteckt; trotzdem scheint es Ihnen damit nicht zu eilen.

KARAJAN: Die Hauptsache ist, daß wir jetzt über vierzig Filme fertiggestellt haben. Als ich vor sechs Jahren damit begann, wußte ich nicht einmal, ob ich bei Abschluß des Projekts überhaupt noch am Leben sein würde. Nun, die Sorge bin ich los. Wir haben viel auf die Beine gestellt, das Team weiß inzwischen, wie es geht, also müssen wir nur noch die Serie ergänzen, die Verpackung entwerfen und im übrigen beobachten, wie sich der Markt für die Abspielgeräte entwickelt. Mit dem Copyright muß man aufpassen wie ein Heftelmacher. Die alten Video-Tapes brachten uns viele Verluste, weil sie umgehend in Raubkopien weiterverkauft wurden.

OSBORNE: Ich glaube, es war Stokowski, der sich Anfang der dreißiger Jahre als erster genauso ernsthaft wie Sie für Musikverfilmungen interessierte, doch er kam nicht weit damit. Er wurde zu früh geboren.

KARAJAN: Ehrlich gesagt, wäre ich auch gern sechs oder sieben Jahre später auf die Welt gekommen. In den nächsten paar Jahren dürften sich rasante Entwicklungen vollziehen. Trotzdem habe ich die Filme ganz nach meinen Vorstellungen hinbekommen. Jetzt bleibt nur noch zu hoffen, daß man sie auch sehen will. Na, und wenn nicht, dann hat sie wenigstens die Nachwelt als Zeugen der Vergangenheit.

OSBORNE: Ich kann mir beim besten Willen nicht vorstellen, daß sie in irgendeinem Archiv verstauben. Ihr Archivwert wäre freilich auch nicht gering.

KARAJAN: Von Nikisch gibt es keinen einzigen Film – stellen Sie sich nur vor, wie aufregend der wäre.[12] Für nur dreißig Sekunden würde ich meinen rechten Arm hergeben. Nach dem Krieg verbrachte ich in Bayreuth viele Stunden mit einem alten Kontrabassisten, der noch unter Nikisch gespielt hatte. Er erzählte mir hochinteressante Dinge. Ich bin auch froh, daß wir von den Berliner Philharmonikern Aufzeichnungen haben werden. In den vielen Stunden, die wir bei den Dreharbeiten mit Spielen, Sehen und Hören verbrachten, haben wir einiges gelernt. Erst wenn wir uns selbst beobachten, wissen wir, wie wir spielen.

OSBORNE: Also sogar dieses große Orchester konnte sich durch die Filmarbeit noch verbessern?

KARAJAN: Ich meine schon. Im übrigen glaube ich, daß auch in fünfzig oder hundert Jahren kein Orchester gedankenlos spielen und gleichzeitig zu Recht von sich behaupten kann, es könne nicht besser spielen. Ich freue mich darüber, daß meine Musiker mit so viel Disziplin und Enthusiasmus bei der Sache sind. Das ist etwas ganz Besonderes, und nun können sich auch künftige Generationen ihr Beispiel vor Augen führen und sich an dem Anblick erfreuen.

7. Kapitel
Nachgedanken

OSBORNE: Sie schreiben der Musik eine therapeutische Funktion in der modernen Gesellschaft zu.

KARAJAN: In allen Gesellschaften. In den alten Sagen kann man lesen, daß die Musik bereits vor langer Zeit als eine Art Lebenselixier galt.

OSBORNE: In welchen Bereichen berührt sie Ihrer Meinung nach die heutige Gesellschaft?

KARAJAN: In vielen: sozial, ethisch und ästhetisch. Ein gut funktionierendes Orchester ist kreativ – eine Gruppe von Männern und Frauen, die sich versammeln, um etwas Schönes nachzuschaffen, etwas viel Schöneres, als ich es mir beim bloßen Notenlesen vorstellen kann. Wenn es gut funktioniert, spiegelt sich das auch im Verhalten und im Ausdruck der Spielenden wider. Das ist ein weiterer zentraler Aspekt meiner filmischen Arbeit: die Physiognomie eines großen Orchesters, wenn die Musiker sich stark konzentrieren, ganz im Musiziervorgang aufgehen. Wie oft habe ich nicht zum Orchester gesagt, besonders zu den Jüngeren: »Geben Sie Ihr Bestes, und geben Sie es gern, wenn Sie schon etwas so Schönes tun dürfen.« Ich meine, daß sie etwas machen, wozu Millionen Menschen nicht die Möglichkeit haben. Viele können nicht vor sechs Uhr abends daran denken, Musik zu hören. Beruflich kreativ tätig zu sein ist ein Privileg, und wir haben die Pflicht, unseren Beruf so auszuüben, daß wir all jenen, die nicht das Glück haben, Freude und Erfüllung bringen.

OSBORNE: Die Musik hat außerdem den großen Vorteil, daß sie die üblichen Sprachbarrieren überwindet.

KARAJAN: Musik vereint die Völker wie die einzelnen Individuen. Tag für Tag liest man, daß Menschen sich gegenseitig umbringen.[1] Es ist zwar Wahnsinn, doch wir müssen alles in unserer Macht Stehende tun, die Menschheit zur Kooperation zu bewegen. Ich bewundere Gorbatschows Maßnahmen, fürchte aber, daß er es nicht leichthaben wird. Sein Land hat keine richtige Infrastruktur. Selbst wenn es ihm gelingt, mehr Nahrungsmittel zu produzieren, fehlen ihm die Mittel für ihre Verteilung – Transport, Verpackung und so weiter. Einmal bekam ich in Rußland Kaviar geschenkt, der in Zeitungspapier eingewickelt war, weil es keine Dosen gab.

OSBORNE: Irgend jemand behauptete, Sie seien an Politik wenig interessiert, wenn nicht gerade Musik mit im Spiel sei – denn dann entpuppen Sie sich wiederum als ein wahrer Meister. Andererseits unterhielten Sie zu etlichen führenden Politikern freundschaftlichen Kontakt, darunter zu zwei britischen Premierministern.

KARAJAN: Ich kenne Edward Heath und Margaret Thatcher.

OSBORNE: Ich weiß nicht, wie die britische Presse österreichische Politik beurteilt, doch im *Daily Telegraph* stand eine kurze Notiz: Margaret Thatcher werde mit dem österreichischen Bundespräsidenten und mit Ihnen zusammenkommen; Schlagzeile: »Thatcher bei Karajan!«

KARAJAN: Sie kam zu den Festspielen nach Salzburg, wollte aber nicht, daß irgendein Wirbel um sie gemacht wurde. Ich war von ihrer Freundlichkeit und Bescheidenheit beeindruckt. Sie besuchte mich bei mir zu Hause. Sie gestand, sie beneide mich um meinen Beruf, weil die Leute immer das täten, was ich sage. Natürlich habe ich ihr erklärt, daß das nicht immer der Fall ist. – An ihr habe ich

Karajan applaudiert nach einer Aufführung bei den Salzburger Festspielen seinem Orchester.

von jeher bewundert, daß sie eine ganz präzise Vorstellung davon hat, was sie erreichen will.

OSBORNE: Sie ist wie Sie ein »workaholic«.

KARAJAN: Ich muß zugeben, daß ich mich nie geschont habe und es auch nie tun werde, solange ich lebe. Ich lebe einfach. Ich rauche nicht. Gelegentlich genehmige ich mir einen Whisky.

OSBORNE: Sie haben zwei lange Ehen geführt. Mit Eliette von Karajan leben Sie mittlerweile dreißig Jahre zusammen. Sie haben zwei Töchter, Isabel und Arabel. Wann lernten Sie Eliette kennen?

KARAJAN: Das erstemal traf ich sie in Saint-Tropez. Dann kam sie nach London, und ich sah sie in der zwölften oder dreizehnten Reihe der Royal Festival Hall sitzen. Ich war wie vom Donner gerührt.

OSBORNE: Eliette ebenfalls. Sie erzählte mir, ein Jahr vorher habe sie einem amerikanischen Freund in Rom gesagt, die beiden faszinierendsten Menschen seien für sie Albert Schweitzer und Herbert von Karajan. Ein Jahr drauf saß sie dann mit Walter Legge, Elisabeth Schwarzkopf und Herbert von Karajan in einem leeren Saal, um einem privaten Orgelkonzert von Albert Schweitzer zuzuhören. Sie hat nicht nur Ihre Töchter und den Haushalt versorgt, sondern ist auch Malerin geworden.

KARAJAN: Das kann man ihr nicht hoch genug anrechnen. Sie interessierte sich schon immer für Kunst, hat aber die Malerei autodidaktisch erlernt. Jahrelang malte sie nach dem Vorbild verschiedener Maler aus ihrem Heimatland Frankreich, und die Provence, in der wir uns eine Zeitlang aufhielten, war ein Paradies für ihre Malerei. Darüber ist sie nun schon hinaus. Ihr wurde eine große Ausstellung in Japan angeboten, und hier in unserem Salzburger Haus habe ich ihr im oberen Stock eine Galerie eingerichtet.

Karajan und seine Frau Eliette.

OSBORNE: Sie sagte mir, daß sie noch nicht zu besichtigen sei, doch ich habe mir ein paar Bilder angesehen, die noch im Entstehen sind und die einen ganz eigenen Stil erkennen lassen: beeindruckende nächtliche Waldszenen, eine eher ruhig, zwei ganz aufgewühlt.

KARAJAN: Sie arbeitet sehr hart. Sie geht viel spazieren, lernt Tag und Nacht. Manchmal bleibt sie ein paar Tage in der Stadt, aber lange hält sie es dort nicht aus. Ihre Liebe gehört der Natur: den Pflanzen, den Tieren.

OSBORNE: Die Frau von Herbert von Karajan zu sein ist bestimmt ebenso hinderlich wie förderlich, wenn es um Malerkollegen und Kritiker geht.

KARAJAN: Was die Kritiker betrifft: die können einem schon manchmal zuviel werden. Neulich war in Wien eine große Ausstellung. Ich konnte nicht hingehen, aber sie wurde wenigstens im Fernsehen gezeigt. Die Sendung war ein Reinfall: an sich eine wunderbare Gelegenheit, die Bilder einmal zu sehen – und was kam? Endloses Gerede darüber, was die Bilder aller Wahrscheinlichkeit nach aussagen sollten.

OSBORNE: Und was ist aus Herbert von Karajans Töchtern geworden?

KARAJAN: Zu meiner größten Freude bestehen bis zum heutigen Tag enge Familienbande. Wir hatten nie mit dem Problem der Loslösung zu kämpfen. Natürlich machen die Kinder ihren Weg. Isabel ist Schauspielerin in Wien, und Arabel studiert in Boston Musik. Mit der Schulausbildung hatten wir Glück. Sie gingen in der Schweiz, unserem eigentlichen Zuhause, zur Schule. Da gab es für sie viele sportliche und sonstige Möglichkeiten. Ich drohte ihnen immer damit, ihnen all das wegzunehmen, wenn sie sich wichtig machen würden. Einmal erzählte eine von beiden am Schuljahresende, sie habe eine neue Freundin, Lisa. »Lisa – wie weiter?« fragte ich. »Ich weiß nicht, wie sie mit

Nachnamen heißt.« Da war ich beruhigt. Man soll die Menschen nicht danach beurteilen, wer sie sind, sondern danach, was sie tun und wie sie sich verhalten.

OSBORNE: Ihre Töchter müssen schon viel schöne Musik gehört haben. Arabel soll bei einer Aufführung von Tschaikowskis *Pathétique* einmal befürchtet haben, diese Musik würde Sie umbringen. Und jetzt, relativ spät, wendet sie sich selbst der Musik zu.

KARAJAN: Ich glaube, beide gaben anfangs nicht viel darum, etwas von Musik zu verstehen. Doch inzwischen hat Arabel so viel Ahnung – von Popmusik, die ja nicht ganz mein Fall ist –, daß sie sich ernsthaft damit befassen möchte; beruflich allerdings erst, wenn sie sich das entsprechende Fachwissen angeeignet hat. Für Geigen- oder Klavierunterricht ist es schon zu spät, aber heute gibt es ja den Synthesizer, dessen Gebrauch komplexe musikalische Fähigkeiten erfordert. Und die erwirbt sie sich bei ihrer musikalischen Ausbildung in Boston.

OSBORNE: An Ihrer Familie hatten Sie in vielen Krisen einen Rückhalt. Wenn ich Ihre Karriere bis zum Ende des Weltkriegs zurückverfolge, fühle ich mich an einen Vers aus einem der Gedichte erinnert, die am Schluß von Pasternaks *Dr. Schiwago* stehen: »Das Leben ist kein Gang durchs Feld.« Ihre Rückenverletzungen und Krankheiten zum Beispiel.

KARAJAN: Hier gipfelte die Krise darin, daß ich binnen vier Tagen fast völlig gelähmt war. Zu meinem Rücken bin ich allerdings auch nie besonders nett gewesen; als Junge bin ich ein paarmal vom Baum oder vom Rad gefallen, und jahrelang bin ich Ski gelaufen. Die Bandscheibe verschob sich, als wollte sie sich ganz durchs Rückenmark bohren. Zwei Drittel hatte sie schon abgedrückt und dabei die Nerven eingeklemmt. Die Ärzte brauchten fünf Stunden, sie herauszuoperieren; im Nebenzimmer lag einer, der nicht

soviel Glück hatte wie ich. Das war Weihnachten 1975.
Der Chirurg wollte gerade mit seiner Familie in den Mitt-
leren Osten verreisen; auf dem Weg zum Flughafen er-
reichte ihn die Nachricht, daß ich schwerkrank sei – und er
drehte auf dem Absatz um. Nach einer solchen Erfahrung
betrachtet man jeden Tag als ein Geschenk.

OSBORNE: Haben Sie auch manchmal daran gedacht,
Arzt zu werden?

KARAJAN: Nein. Mein Bruder und ich sahen ja, wie hart
unser Vater arbeiten mußte. Wir sagten höchstens im
Spaß, daß wir, wenn überhaupt, nur Facharzt für Ge-
schlechtskrankheiten werden würden, weil wir dann erstens nicht mitten in der Nacht aufstehen müßten und uns
zweitens nie die Arbeit ausgehen würde.

OSBORNE: Ihr Bruder ist sechzehn Monate älter als Sie
und stachelte schon durch seinen Altersvorsprung Ihren
Ehrgeiz an.

KARAJAN: Ich sah einfach nicht ein, weshalb er Klavierunterricht bekommen sollte und ich nicht, nur weil ich
jünger war. Also versteckte ich mich während der Klavier-
stunden hinter dem Vorhang und sperrte die Ohren auf.
Bald hatte ich so viel erlauscht, daß auch mir Unterricht
gegeben wurde.

OSBORNE: Er starb 1987?

KARAJAN: Ja, und das hätte meiner Meinung nach nicht
sein müssen. Er ließ keinen Arzt an sich heran. Er hatte
leichte Herzbeschwerden und Probleme mit den Nieren,
die wahrscheinlich zu beheben gewesen wären. Doch er
ließ nicht mit sich reden. Oft ging er tagelang in die Berge,
ohne jemandem Bescheid zu sagen.

OSBORNE: Er war ein ausgezeichneter Elektroingenieur
und hatte außerdem musikalisches Talent?

KARAJAN: Als Kind bastelte er ein Radio und setzte es auf
der verkehrsreichsten Salzachbrücke in Betrieb – es sam-

»Wenn Karajan Bach aufführte«, sagte ein Cembalist zu H. C.
Robbins Landon, »verbreitete er virtuosen Glanz und machte
Musik, und was für eine himmlische Musik!«

melten sich so viele Schaulustige, daß die Polizei die
Menge zerstreuen mußte und den Apparat beschlag-
nahmte. Siemens bot ihm ein eigenes Forschungsstudio an,
er lehnte jedoch ab. Eins wünschte ich mir immer: daß er
irgend etwas erfände, was ich mir auf den Kopf setzen
könnte, eine Art Grubenlampe, womit ich die Filme der
Leute kaputtmachen könnte, die beim Konzert Blitzlicht-
aufnahmen machen.

OSBORNE: In der Philharmonie saß einmal ein Mann hinter dem Orchester, der alles tat, auf diese Weise eine großartige Aufführung der 5. *Symphonie* von Beethoven zu rui-
nieren?

KARAJAN: Ich weiß. Aber was soll man denn machen?
Wenn man diese Störenfriede rauswirft, stört das noch
mehr.

OSBORNE: Ich bewundere Ihre Selbstbeherrschung. Die
beweisen Sie im übrigen auch bei all dem Presseklatsch um
Ihre Person.

KARAJAN: Ich wüßte nicht, weshalb ich darauf reagieren
sollte. Früher regte ich mich oft über Kritik und üble
Nachrede auf, aber dabei reibt man sich doch nur selbst
auf. Ich versuche, eine gewisse Distanz zu wahren, mich
abzuschotten. Meine Beschäftigung mit Yoga und buddhistischen Lehren hat mir dabei ein bißchen geholfen. Und
hier hätten wir wieder ein Beispiel für den therapeutischen
Wert der Musik. Nicht nur in der Musik, sondern auch in
seiner Lebensweise sollte man den richtigen Rhythmus finden. Einmal probte ich ein Stück von Bach – ich weiß nicht
mehr, welches –, und dabei ergriff mich plötzlich ein Gefühl vollkommener Harmonie. Ich mußte sogar die Probe
unterbrechen.

OSBORNE: Als ich mich mit den *Brandenburgischen Konzerten* beschäftigte, die Sie mit den Berliner Philharmonikern im Sheldonian Theatre in Oxford spielten, stieß ich

zufällig auf eine Stelle bei der großen amerikanischen Philosophin Susanne Langer, wo sie den echten Künstler als jemanden definiert, der fähig ist, im Geist alle Möglichkeiten gegeneinander abzuwägen und mit dem Ganzen in Beziehung zu setzen.

KARAJAN: Darauf läuft es hinaus, wenn man von Harmonie spricht. Allerdings geht es hier nicht nur um etwas Abstraktes. Mein Vater sagte in hohem Alter: »Alles Technische kann man erlernen. Doch Technik überträgt etwas, was du als Mensch hervorbringst. Vergiß nie, daß du dich nicht mit toter Materie beschäftigst, sondern mit einem lebendigen Körper.« So sprach der Arzt, aber diese Worte prägten mein ganzes musikalisches Leben.

8. Kapitel
Epilog

Aus einem Gespräch mit Karajan
in dessen Haus bei Salzburg, März 1988

OSBORNE: Am 1. Januar 1987 leiteten Sie das Neujahrs-
konzert in Wien. Das ist jedesmal ein grandioses Ereignis,
eine Art Frohbotschaft zum Jahresbeginn. Hatte es für Sie
eine besondere Bedeutung?
KARAJAN: Ja. Es war ein Wendepunkt in meinem Leben.
OSBORNE: Ein Wendepunkt?
KARAJAN: Weil ich damals so starke Schmerzen hatte.
Manchmal konnte ich nächtelang nicht schlafen. Das war
eine harte Zeit. Als ich aufgefordert wurde, das Konzert zu
leiten, sagte ich hocherfreut zu. Drei Wochen lang habe
ich mich mit nichts anderem als den geplanten Stücken, die
ich alle schon einmal eingespielt hatte, beschäftigt, um zu
sehen, ob nicht vielleicht noch mehr in der Musik steckt.
Ich spielte sie täglich sechs Stunden lang durch. Und plötzlich nahm ich eine Veränderung in mir wahr. Als ich dann
vor das Orchester trat, brauchte ich ihm nichts mehr zu
sagen – es war schon alles da. Und seither weiß ich: Wenn
ich auch vieles aufgeben mußte – das Segeln zum Beispiel –,
so ist doch die Musik hundertfach geläutert zu mir zurück-
gekehrt.
OSBORNE: Die Musik hat Ihnen Ihr Leben lang Kraft gegeben. Und Sie sagen, der Schmerz sei verschwunden?

KARAJAN: Ich kann zwar schlecht gehen, habe aber keine Schmerzen mehr.

OSBORNE: Es heißt ja immer, wenn Sie auf dem Podium stehen und zu dirigieren anfangen…

KARAJAN: Ja, ich weiß. Das ist für mich das vollkommene Glück.

Karajan und Oxford

Am 21. Juni 1978 wurde Karajan im Sheldonian Theatre vom Kanzler der Universität der Grad eines »Doctor of Music honoris causa« verliehen. Von den vielen Ehrungen, die ihm zuteil wurden, überraschte ihn keine mehr, erfüllte ihn keine mit größerer Dankbarkeit. Drei Jahre später, am 28. Mai 1981, gab Karajan mit Mitgliedern der Berliner Philharmoniker im Sheldonian Theatre ein Dankkonzert, dessen Erlös an Stiftungen für autistische und herzkranke Kinder sowie für neurologische Forschungen ging, denen Karajan ein besonderes Interesse entgegenbrachte. Das Konzert endete mit einer unvergeßlichen Aufführung der *Metamorphosen* von Richard Strauss – Strauss war 1914 der Ehrendoktor in Oxford verliehen worden. Das Programm enthielt außerdem das *Brandenburgische Konzert F-Dur Nr. 2* von Bach und das *Violinkonzert G-Dur Nr. 3* von Mozart; als Solistin wirkte sein junger Schützling Anne-Sophie Mutter.

Bei der feierlichen Verleihung der Doktorwürde am 21. Juni 1978 stellte der Sprecher der Universität Karajan dem Kanzler mit folgender (lateinisch gehaltener) Rede vor: [1]

»Ein Spitzendirigent steht am Ende der Reihe, ein gebürtiger Salzburger, der sich als Zehnjähriger hinter den Orgelpfeifen versteckt haben soll, um eine private Orchesterprobe Arturo Toscaninis mitzuhören. Nicht auszumalen,

wie den stummen Orgelpfeifen plötzlich Ohren wuchsen!
Schon vor Ausbruch des Kriegs hatten die Ulmer, Aachener
und Wiener seine überragenden Talente erkannt, doch erst
als der Frieden wiederhergestellt war, wurde er in aller Herren Länder berühmt. In Berlin, London und Mailand –
überall dort, wo sich Freunde der Harmonie, mit einem
Wort: Philharmoniker finden, kann das bezeugt werden. In
der Musik ›achtet er nichts für sich fremd‹,[2] denn er inter-
pretiert die unterschiedlichsten Werke – von Ludwig van
Beethovens über Anton Bruckners Symphonien bis zu den
Variationen eines Arnold Schönberg – mit der gleichen
Meisterschaft, zeigt aber eine Vorliebe für die Oper, seien es
Mozart-Werke in leichterem Opernstil oder der gewichtige
Wagner-*Ring*. Wenn ich auch nur ein paar seiner zahllosen
Schallplattentitel nennen wollte, müßte ich fürchten, daß
das werte Publikum tumultartig den Saal verläßt, um im
nächsten Plattenladen dem Kaufrausch zu frönen. Kenner
würden den Verkäufer nach der *Schöpfung* fragen, einem
Oratorium von Joseph Haydn, dem vor langer Zeit in diesem Theater hier der Doctor of Music verliehen wurde. Auf
der Platte hört man unseren lieben Dietrich[3] und den Wiener Singverein unter der Stabführung unseres Gastes.
    Er hat in unseren Augen um so mehr Anspruch auf den
Titel, als er vielen Dirigenten und Sängern wie Sängerinnen mit Rat und Tat beistand. Außerdem gründete er in
Berlin eine Schule zur Ausbildung junger Musiker auf
höchstem Niveau und in Salzburg eine Stiftung, die
erforscht, inwieweit die Kunst des Aristoxenos geistig
zurückgebliebenen Kindern und anderen helfen kann.
Schließlich ließ er in Wien aufgeführte Opern im Fernsehen übertragen, damit so viele Zuhörer wie möglich in
den Genuß kamen, sie zu hören, und nahm nicht einmal
eine Gage an, um zu demonstrieren, daß das Projekt nicht
aus finanziellen Gründen in Szene gesetzt wurde.

Weil ich annehme, daß es einen so tatkräftigen und großmütigen Mann nur peinlich berührt, wenn er jemanden zu lang sein Lob in aller Öffentlichkeit singen hört, präsentiere ich Ihnen hiermit Herbert von Karajan, den Größten unter den Dirigenten, auf daß er den Grad eines Doctor of Music honoris causa erhalte.«

Anmerkungen

Einleitung

1 *Orchestra*. Hrsg. von André Previn, London 1979, S. 180.
2 Christian Steiner, *Opera People*, London 1982, S. 87–89, 111.
3 Bernard Gavoty, *Herbert von Karajan*. Übersetzt von Arnold Heinz Eichmann, Genf 1956, S. 13–17.
4 Zitiert in: Roger Vaughan, *Karajan. Ein biographisches Porträt.* Übersetzt von Hans-Ulrich Seebohm, Frankfurt a. M. 1986, S. 186f.
5 Will Crutchfield, in: *New York Times*, 28. August 1988.
6 *Gramophone* 27, 1947, S. 149.
7 Andrew Porter, in: *Gramophone* 31, 1954, S. 333.
8 Andrew Porter, *Musical Events: A Chronicle 1980–1983*, New York 1987, London 1988, S. 339.
9 *Orchestra*, a.a.O., S. 161f.
10 Arnold Schönberg, *Stil und Gedanke. Aufsätze zur Musik.* Hrsg. von Ivan Vojtěch. Übersetzung der englischen Originaltexte von Gudrun Budde, Frankfurt a. M. 1976, S. 19 (»Prager Rede« über Gustav Mahler; Manuskript 13. Oktober 1912, überarbeitet 1948).
11 Neville Cardus, *No Conceit: Karajan and the Vienna Philharmonic*, in: *The Guardian*, 5. April 1962. Cardus erwähnte ihre unbestreitbare Meisterschaft, ihr Mißtrauen gegenüber dem fortwährenden Rückblick in die Vergangenheit und ihr Talent, bei maßgebenden Stellen Anstoß zu erregen. Er hätte noch ihr Bemühen um eine bühnenwirksame Präsentation musikalischer Vorgänge hinzufügen können. Daß Mahler bei der Uraufführung seiner *8. Symphonie* in München nicht nur selbst dirigierte, sondern auch die Sitzplatzverteilung, Beleuchtung u. ä. beaufsichtigte, hätte Karajan durchaus verständlich gefunden.
12 Walter Legge, *Gehörtes, Ungehörtes. Memoiren.* Hrsg. von Eli-

sabeth Schwarzkopf, übersetzt von Joachim Köhler, München 1982, S. 255–269.

13 James Galway, *An Autobiography,* London 1978, S. 159.

14 John Culshaw, *Putting the Record Straight,* London 1981, S. 335 f.

15 James Galway, a. a. O., S. 159 f.

16 Peter Stadlen, in: *Daily Telegraph,* 28. Mai 1981. Vgl. Andrew Porters Rezension der Karajan-Aufführung mit den Wiener Philharmonikern von Bruckners 8. *Symphonie* in der New Yorker Carnegie Hall im Februar 1989: »Man hatte den Eindruck – und der wird von Eliteorchestern, die keine einzige Note falsch spielen, selten vermittelt –, daß die Orchestermusiker nicht so sehr willfährige Diener des Dirigenten waren als vielmehr Mitarbeiter, Teilhaber an einer Interpretation« *(New Yorker,* 20. März 1989, S. 90 f.).

17 Neville Cardus, *Olympic Heights,* in: *The Guardian,* 17. April 1961.

18 Siehe, S. 205–207

19 Peter Conrad, *A Song of Love and Death: The Meaning of Opera,* London 1987, S. 310.

20 In: John Ardoin / Gerald Fitzgerald, *Callas,* London 1974, S. 24.

21 Neville Cardus, *A Compliment to Debussy,* in: *The Guardian,* 15. Januar 1962; wiederabgedruckt in: *Cardus on Music.* Hrsg. von Donald Wright, London 1988, S. 309–311.

22 Arnold Schönberg, *Interview mit mir selbst,* in: ders., *Gesammelte Schriften I.* Hrsg. von Ivan Vojtěch, Frankfurt a. M. 1976, S. 241.

23 Glenn Gould, *Musik und Technologie,* in: ders., *Vom Konzertsaal zum Tonstudio.* Hrsg. von Tim Page, übersetzt von Hans-Joachim Metzger, München 1987, S. 163 f.

24 Glenn Gould, »*Um Himmels willen, Cynthia, es muß doch was anderes im Fernsehen geben!*«, in: ders., *Vom Konzertsaal zum Tonstudio,* a. a. O., S. 188. Obwohl Karajan Ende der sechziger Jahre mit der Tradition der »Psychologie des Prosceniums« brach, lehnte er später die stark auf den Dirigenten konzentrierte, dabei unpersönliche, konventionelle Darstellung des Orchesters ab, die in den Filmen dieser Zeit zum Tragen kommt. Daß mehrere europäische Fernsehanstalten beschlossen, in memoriam Herbert von Karajan seinen alten Unitel-Film der *Eroica* zu zeigen, hätte ihn bestimmt nicht begeistert.

1. Kapitel

1   Die Kritik im *Salzburger Volksblatt* war wohlwollend und weist auf Züge Karajans hin, die man ihm auch später zuschreiben sollte. Er dirigiere differenziert und schwungvoll, mit Gespür für musikalische Tektonik, und vermeide jegliche Übertreibung und Theatralik. Schon im Alter von 19 Jahren hieß es von ihm, daß er sich nicht auf Effekthascherei, sondern auf die suggestive Überzeugungskraft der Gestik stütze.

2   Walter Legge (1906−1979) war von 1946 bis 1960 Karajans wichtigster Schallplattenproduzent, zuerst in Wien, dann in London. Anfang der fünfziger Jahre bestritt Karajan seine Plattenaufnahmen und Konzerte hauptsächlich mit dem von Legge gegründeten Philharmonia Orchestra.

3   Franz Schmidt (1874−1939), Komponist, Dirigent und von 1927 bis 1931 Leiter der Wiener Hochschule für Musik. Schmidts Werk, das unter anderem vier Symphonien umfaßt, erfreut sich wachsender Wertschätzung. Das Zwischenspiel aus seiner Oper *Notre Dame* verhalf ihm zu Weltruhm; Karajan spielte es dreimal ein.

4   In den Aufzeichnungen von Karajans Vater ist festgehalten, daß am Sonntag, 15. April 1917, der neunjährige Herbert beim achthändigen Spielen von Haydns *Symphonie Nr. 103 (Mit dem Paukenwirbel)* und vier Tage später bei einer Aufführung von Mendelssohns *Symphonie Nr. 3* beteiligt war. Ernst von Karajan lobt das technisch und rhythmisch saubere Klavierspiel seines Sohns.

5   *Treue* erschien erstmals im September 1967 im *New Yorker* und wurde später in Gregor von Rezzoris *Memoiren eines Antisemiten* (München 1979) aufgenommen.

6   Alfred Roller (1864−1935), österreichischer Maler und Bühnenbildner, bekannt durch seine Zusammenarbeit mit Gustav Mahler und Richard Strauss.

7   Eine Produktion der Wiener Staatsoper; Erstaufführung am 14. August 1922 in Salzburg unter der Leitung von Richard Strauss. Franz Schalk übernahm bei der Salzburger Neuinszenierung von 1927 (wiederum mit Hans Duhan als Don Giovanni) die musikalische Leitung.

8   Franz Schalk (1863−1931), österreichischer Dirigent, Schüler von Bruckner. Von 1898 bis 1911 Dirigent in London und New

York, sonst meist in Wien, wo er 1919 die Uraufführung von Strauss' *Frau ohne Schatten* leitete, und in Salzburg tätig.

9 Bruno Walter (1876–1962) schreibt ganz ähnlich über Schalk: »Er war Wiener, erfüllt von der dortigen musikalischen Tradition, Schüler und Anhänger von Bruckner, ein ausgezeichneter Musiker, ein Mann von Geist und Kultur und – er liebte die Wiener Oper. [...] man muß seiner Leistung als Direktor des Institutes mit Hochschätzung gedenken. Übrigens war er kämpferisch veranlagt, verfügte über einen außerordentlich schlagfertigen, boshaften Witz und verwandte seine scharfen Waffen mit guter Wirkung im Interesse der Staatsoper und der Kunst« (Bruno Walter, *Thema und Variationen,* Frankfurt a. M. 1960, S. 357).

10 Max Reinhardt (1873–1943), österreichischer Regisseur und Theaterleiter. 1920 neben Richard Strauss und Hugo von Hofmannsthal Mitbegründer der Salzburger Festspiele, für die er Hofmannsthals *Jedermann* inszenierte sowie Werke von Shakespeare, Goldoni, Schiller und Goethe, bis er nach den Festspielen von 1937 ins Exil gehen mußte. Bei der Aufführung von Goethes *Faust I* 1933 dirigierte Karajan die von Bernhard Paumgartner eigens für diese Produktion geschriebene Musik.

11 Walter Felsenstein (1901–1975), österreichischer Regisseur. Sein Grundsatz, der Gesang müsse ein glaubhaftes, überzeugendes und authentisches Ausdrucksmittel auf der Bühne sein, machte ihn zu einer radikalen, aber renommierten Persönlichkeit im Opernleben nach 1945. Felsenstein wurde im Dritten Reich von der Reichstheaterkammer ziemlich schikaniert; trotzdem inszenierte er in Zusammenarbeit mit Karajan 1941 in Aachen Verdis *Falstaff* – eine historisch bedeutsame Produktion.

12 Gustaf Gründgens (1899–1963) war einer der bedeutendsten Schauspieler seiner Zeit. Klemperer sah seine Inszenierung von Cocteaus *Orphée* und lud Gründgens ein, in der Spielzeit 1929/30 an der Berliner Kroll-Oper in Ravels *L'Heure espagnole* Regie zu führen. Nach dem Zweiten Weltkrieg war Gründgens Intendant in Düsseldorf und Hamburg. Er inszenierte bei den Salzburger Festspielen 1951 Shakespeares *Wie es euch gefällt* und wurde auch 1958 nach Salzburg eingeladen, um Verdis *Don Carlos* in einer Neuinszenierung unter der musikalischen Leitung von Karajan herauszubringen.

13 Berlin, 18. Dezember 1938. Die Inszenierung wurde gerühmt
   für ihre Leichtigkeit und Transparenz, ebenso für das inspirierte
   Eingehen des Regisseurs auf die Musik. Die Abstimmung der
   Bühnenbilder auf den hellen, glanzvollen Klang des Orchesters
   unter der Stabführung Karajans galt als revolutionär. Karajan
   fiel unter anderem wegen seiner »Originaltreue« positiv auf – so
   setzte er zum Beispiel im Knabenterzett wirkliche Knabenstim-
   men ein.

14 Keineswegs ungewöhnlich – auch später nicht. Als Giulini an
   der Mailänder Scala eine berühmte Mezzosopranistin bat, die
   Punktierungen der Viertel zu beachten, antwortete sie: »Ich
   kann keine Noten lesen. Hätten Sie's gern länger oder kür-
   zer?«

15 Richard Mayr (1877–1935), österreichischer Baß.

16 Karajan »hypnotisierte« den Aachener Intendanten, so daß dieser ihm für Juni 1934 ein Probedirigat anbot; er dirigierte die
   Ouvertüren zu *Oberon* und den *Meistersingern* und den ersten
   Satz aus Mozarts *Haffner-Symphonie*. Im Herbst übernahm er
   die musikalische Leitung von *Fidelio* von Beethoven. Nach
   einem diplomatischen Schachzug – Karajan bewarb sich in
   Karlsruhe – löste er Peter Raabe als Generalmusikdirektor von
   Aachen ab (Raabe wurde 1935 Präsident der Reichsmusikkammer).

17 Serge Jaroff (1896–1985), russischer Chordirigent, Schüler der
   Synodalakademie für kirchlichen Chorgesang in Moskau.
   Diente als Offizier bei den Kosaken. Verließ Rußland nach der
   Niederlage der Weißrussen in der nachrevolutionären Zeit.
   Gründete den Donkosakenchor. In den dreißiger Jahren und der
   Nachkriegszeit umfangreiche Aufnahmetätigkeit für die Schall-
   platte. Karajan bezog 1966 den Chor in seine berühmte Berliner
   Einspielung von Tschaikowskis *Ouverture solennelle »1812«*
   ein.

18 Heinz Tietjen (1881–1967), von 1930 bis 1945 Generalinten-
   dant der Preußischen Staatstheater, ab 1933 auch künstlerischer
   Leiter der Bayreuther Festspiele. Nach dem Zweiten Weltkrieg
   in London, Hamburg und Bayreuth tätig. Er war nicht nur ein
   kompetenter Dirigent und Regisseur, sondern auch ein gewief-
   ter Taktiker. In Bruno Walters *Thema und Variationen* (a. a. O.,
   S. 351–355) findet sich eine treffende Beschreibung seiner Person. Die oft gestellte Frage »Hat Tietjen gelebt?« wird ange-

schnitten: »[...] er ergoß sich in herzlichem Gespräch, ja schon glaubte man, Tietjen lebe – aber da war der Anfall schon wieder hinter einer Maske von Ichlosigkeit verschwunden.« Egon Hilbert, der das KZ Dachau überlebt hatte, war eine herausragende Gestalt im Salzburg und im Wien der Nachkriegszeit, als das österreichische Kunstleben wiederaufblühte. Karajan setzte ihn als Generalintendanten der Wiener Staatsoper ein, aber ihre Zusammenarbeit scheiterte.

19 Eröffnet 1960. Entworfen von Clemens Holzmeister, dem Architekten des ursprünglichen Festspielhauses und der Felsenreitschule; Karajan beaufsichtigte die Planung in den wesentlichen Punkten.

20 Oft sehr teuer. Siehe aber die repräsentativen Abbildungen in: *Karajan oder die kontrollierte Ekstase*. Hrsg. von Peter Csobádi, Wien 1988, S. 50−56, 105−112.

21 Sir Rudolf Bing (geb. 1902), Generaldirektor der Metropolitan Opera in New York von 1950 bis 1972.

22 Václav Talich (1883−1961), der bedeutendste tschechische Dirigent seiner Zeit, Chefdirigent der Tschechischen Philharmonie von 1919 bis 1941. Zahlreiche Schallplattenaufnahmen, darunter das gesamte *Má vlast*, das Karajan besonders in seinen Live-Konzerten bewunderte.

23 Frederic Lamond (1868−1949), schottischer Pianist und Komponist. Studierte in Frankfurt, war Schüler Liszts und Bülows. Debüt in Berlin 1885. Seine Erinnerungen (*Memoirs*, Glasgow 1949) vermitteln ein wirklichkeitsnahes Bild von den Musikern, die er kannte und kennenlernte, darunter Brahms.

24 Willem Mengelberg (1871−1951), Leiter des Concertgebouworkest in Amsterdam von 1895 bis 1944; Uraufführungen größerer Werke von Strauss (*Ein Heldenleben* ist Mengelberg und seinem Orchester gewidmet) und Mahler. Einer der besten Orchesterdidaktiker aller Zeiten. Seine Probenmethoden werden in Bernard Shores *The Orchestra Speaks* (London 1937, S. 111−125) anschaulich geschildert.

25 Auch Karajan wies oft junge Musiker zurecht, wenn sie sich ein wenig zu ungezwungen benahmen.

26 EMI besitzt angeblich Aufnahmen davon. Auf Bitten Karajans und Wieland Wagners versuchte Walter Legge, Kathleen Ferrier für die Partie der Brangäne in der Bayreuther Inszenierung von *Tristan und Isolde* 1952 zu gewinnen. Es ist zweifelhaft, ob sie

darauf eingegangen wäre, selbst wenn ihre Gesundheit es zugelassen hätte.

27 Irmgard Seefried (1918–1988), deutsche Sopranistin, von 1939 bis 1943 in Aachen tätig, danach in Wien, wo sie in *Ariadne auf Naxos* die Partie des Komponisten sang. Die Oper wurde zur Feier von Strauss' 80. Geburtstag am 11. Juni 1944 aufgeführt und mitgeschnitten. Die Studioaufnahme von 1954 unter der Leitung von Karajan liegt auf CD vor.

28 Als junge Sopranistin in Aachen wunderte sich Elisabeth Grümmer darüber, daß Karajan sie für Lortzings *Wildschütz*, als Alice in Verdis *Falstaff* (in der Felsenstein-Inszenierung) und als Oktavian im *Rosenkavalier* engagierte: »Ob Sie's glauben oder nicht, aber wie ich später herausfinden sollte, verdankte ich die Oktavian-Partie einzig und allein meinen Beinen, weil Karajan immer großen Wert darauf legte, daß man in seiner Rolle überzeugend wirkte, und er stellte sich vor, meine Beine könnten in Kniehosen ganz gut ins Bild passen« (Lanfranco Rasponi, *The Last Prima Donnas*, New York 1975, London 1984, S. 111).

29 Karajan leitete erstmals 1934, mit 26 Jahren, die Wiener Philharmoniker (auf dem Programm: Debussy und Ravel), nahm aber erst im Alter von 38 Jahren die regelmäßige Arbeit mit ihnen auf.

30 Bei dem Dirigentenwettbewerb, den Karajan Ende der sechziger Jahre initiierte.

31 Paul van Kempen (1893–1955), holländischer Dirigent, ab 1935 Leiter der Dresdner Philharmonie. Da Karajan noch nicht bekannt genug war, um nach Wien eingeladen zu werden, wohin sich Baldur von Schirach Furtwängler, Knappertsbusch, Böhm und Strauss als Vorzeigedirigenten holte, schien seine Karriere zu Ende zu sein. Im Herbst 1942 heiratete Karajan die »Vierteljüdin« Anita Gütermann und betrieb seinen Austritt aus der NSDAP, der er sich 1935 angeschlossen hatte, um sich die Stelle in Aachen zu sichern. Dabei hatte es sich um eine »Nachgereichte« (NG) Mitgliedschaft gehandelt, die offiziell auf den 1. Mai 1933 zurückdatiert worden war. Eine Aufnahme noch vor dem Verbot der Partei (in Österreich) im Juni 1933 konnte nie wirklich nachgewiesen werden. Die meisten Darstellungen der Presse zu diesem Punkt entspringen der Sensationsmache und stützen sich auf Fehlinformationen.

32 Edwin Fischer (1886–1960), Schweizer Pianist und Dirigent.

Als Fischer fast seinen gesamten Besitz in Berlin verloren hatte – darunter seine Bibliothek und seinen Flügel –, machte er sich 1942 mit seiner 80jährigen Mutter zu Fuß in die Schweiz auf. Karajan sprach von Fischers Hilfe stets mit erkennbarer Bewegung.

33 Am 18. Januar 1946. Auf dem Programm standen eine Haydn-Symphonie, Strauss' *Don Juan* und Brahms' *1. Symphonie*. Die Erinnerung des amerikanischen Kulturoffiziers Henry Alter an dieses Konzert ist in der Haeusserman- und der Vaughan-Biographie von Karajan wiedergegeben: »Im Saal war es so kalt, daß die Leute ihre Mäntel anbehielten. Der *Don Juan* war unglaublich, der Brahms unvergeßlich« (Roger Vaughan, *Herbert von Karajan. Ein biographisches Porträt*. Übersetzt von Hans-Ulrich Seebohm, Frankfurt a. M. 1986, S. 175). Karajan sagte später zu Alter: »Wenn Sie mich weiter zum Verhör hierbehalten wollen, dann müssen Sie dafür sorgen, daß ich nicht verhungere.«

34 Ein Besucher fand den Boden von Karajans Zimmer bedeckt mit theologischer Literatur, voller Randbemerkungen in seiner »seismographischen« Schrift. In einem Brief an Henry Alter spricht Karajan davon, daß er aufgrund des Erfolgs seiner Schallplatten von 1946 (Wien) sein Selbstvertrauen wiedergewinne, und beschreibt sein »Leben der Ruhe, des konzentrierten Studiums, der Meditation« und wie er »in der Weite und Einsamkeit der Berge« wieder zu sich gefunden habe (siehe S. 24).

35 Erich Kleiber (1890–1956), österreichischer Dirigent, Vater von Carlos Kleiber (geb. 1930). Dirigierte 1925 die Uraufführung von Bergs *Wozzeck*. War von 1936 bis 1949 am Teatro Colón in Buenos Aires tätig.

36 Oscar Fritz Schuh (1904–1984) leitete ab 1946 in Salzburg gemeinsam mit dem Bühnenbildner Caspar Neher Mozart-Produktionen; er ließ Karajan, der noch Dirigierverbot hatte, bei einer Inszenierung von *Le nozze di Figaro* (Dirigent: Felix Prohaska) assistieren. Schuh arbeitete vor allem mit Karl Böhm zusammen, ferner mit Furtwängler (Mozart-Opern); Glucks *Orfeo ed Euridice* 1948 machte er mit Karajan. Er leitete die Uraufführung von Gottfried von Einems *Dantons Tod* 1947 in Salzburg (Dirigent: Ferenc Fricsay) und inszenierte eine Reihe von Werken Eugene O'Neills (Festspielproduktionen).

37 In der neutralen Schweiz stand es den Organisatoren frei, wen
   sie einluden. Karajan wurde 1947 nach Luzern engagiert. Diese
   Loyalität hat er dem Festival inzwischen reichlich gelohnt.

2. Kapitel

1 Bernhard Paumgartner (1887–1971), Musikforscher, Dirigent
   und Komponist. Seine Mutter war Sängerin an der Hofoper in
   Wien gewesen, sein Vater Musikschriftsteller, ein Freund von
   Bruckner. Leitete das Salzburger Mozarteum von 1917 bis 1938
   und, nach längerem Aufenthalt in Italien, wieder von 1945 bis
   1959. Schrieb und dirigierte die Musik zu Hofmannsthals *Jedermann* für die ersten Salzburger Festspiele 1920. 1930 gründete er
   die Salzburger Sommerakademie, an der sich auch Karajan betei-
   ligte. Das Programm vom 22. Juli 1931 kündigt den amerikanischen Pianisten Frank Lawton an, in einem Konzert mit dem
   Mozarteum-Orchester unter der Leitung Herbert von Karajans;
   gespielt wurden die Ouvertüre zu den *Meistersingern*, das Schu-
   mann-Konzert, Tschaikowskis *b-Moll-Konzert* und Strauss' *Till
   Eulenspiegel.*

2 Verdis *Falstaff* hatte in Karajans Tätigkeit einen hohen Stellen-
   wert. Er spielte ihn zweimal ein, 1956 für EMI und 1980 für
   Philips. Die EMI-Aufnahme, die allgemein für die bessere gehalten wird, ist ein Plattenklassiker, mit einer Besetzung, in der Tito
   Gobbi, Rolando Panerai und Elisabeth Schwarzkopf vertreten
   sind. Karajans Produktion an der Wiener Staatsoper wurde von
   Klemperer, nicht eben ein Bewunderer Karajans, als »wirklich
   hervorragend« bezeichnet.

3 Anscheinend gab Karajan dem Philharmonia Orchestra einen
   ähnlichen Rat, als Toscanini 1952 nach London kam (siehe Stephen J. Pettitt, *Philharmonia Orchestra: A Record of Achievement 1945–85*, London 1985, S. 61).

4 Toscanini verfolgte 1952 die Italientournee des Philharmonia
   Orchestra mit Aufmerksamkeit. Nach einem Konzert Karajans
   am 20. Mai in der Mailänder Scala bekundete der 85jährige
   Maestro sein Interesse, das Orchester einmal selbst zu dirigieren. Die Konzerte – die vier Brahms-Symphonien und die *Tragische Ouvertüre* – fanden am 29. September und am 1. Oktober 1952 statt. Obwohl sechs Proben angesetzt waren, hielt

Toscanini, sichtlich beeindruckt von dem Orchester, nur vier ab.

5 Tullio Serafin (1878−1968) dirigierte ab 1909 regelmäßig an der Scala. War Anfang der fünfziger Jahre als Primus inter pares der italienischen Dirigenten am Aufstieg von Maria Callas beteiligt.

6 Victor De Sabata (1892−1967), Dirigent und Komponist, Sohn eines Chorleiters an der Scala und als einer der begabtesten, kreativsten und feinsinnigsten Dirigenten seiner Zeit bekannt. Debüt im Februar 1930 an der Scala mit Puccinis *La fanciulla del West*, gefolgt von einer Reihe bejubelter Aufführungen von Wagners *Tristan und Isolde*. Seine EMI-Einspielung 1953 von Puccinis *Tosca* mit Callas, Gobbi und Di Stefano ist bis heute unübertroffen.

7 Obwohl De Sabata während des ganzen Krieges in Italien und gelegentlich in Deutschland dirigierte, galt er im allgemeinen als apolitisch. Dem Dirigenten Gianandrea Gavazzeni zufolge war er »so sehr vom Dämon der Musik besessen, daß es für ihn gar nichts anderes mehr gab« (siehe Harvey Sachs, *Music in Fascist Italy*, London 1987, S. 160 f.).

8 John Culshaw, *Putting the Record Straight*, London 1981, S. 301.

9 Für RCA in Wien 1962 und für die Deutsche Grammophon in Berlin 1979.

10 Germaine Lubin (1890−1979), französische Sopranistin, studierte am Pariser Konservatorium und bei Lilli Lehmann. Mitglied der Pariser Oper von 1914 bis 1944. Gastierte 1938/39 in Bayreuth als Kundry und Isolde. Machte noch in der Zeit der mechanischen und der frühen elektronischen Aufnahmetechnik viele Platten. »Vor allem sang sie sehr sauber: kein Schmierer, kein Schwanken im Ton, keinerlei Entgleisungen in musikalischer Hinsicht, nicht einmal an den anstrengendsten Stellen bei Brünnhildes Opferung« (John Steane, *The Grand Tradition*, London 1974, S. 238).

11 Siehe das Kapitel über Lubin in Lanfranco Rasponis *The Last Prima Donnas* (New York 1975, London 1984, S. 86 f.) zu ihrer eigenen Sicht der Dinge. Über Karajan und seine zweite Frau Anita sagt sie: »Ich habe die Karajans oft gesehen und kann bezeugen, daß sie entgegen manchen Darstellungen keine Nazis waren.«

12 Juilliard School of Music, New York, 1971/72. 1987 wurden
   von EMI Auszüge auf Platte überspielt.
13 Am 23. August 1950, vor kurzem auf CD neu herausgebracht,
   zusammen mit der Aufnahme des Schumann-*Klavierkonzerts,*
   das Lipatti mit Karajan und dem Philharmonia Orchestra 1948
   gab – kurz vor Karajans Debüt in der Royal Albert Hall am
   11. April, bei dem Lipatti dasselbe Werk spielte.
14 Eingespielt in Wien im Januar 1989 für die Deutsche Grammophon.

3. Kapitel

1 In manchen Quellen ist statt der *Haffner-Symphonie* die *Symphonie B-Dur Nr. 33,* KV 319, angegeben. Das Konzert bekam
   gute Kritiken; man war beeindruckt von der feurigen Dirigier-
   weise, die durch die damals als »modern« empfundene klare
   Strukturierung im Detail wie im Gesamtaufbau gezügelt worden
   sei. Das bestätigt sich bei der Schallplattenaufnahme der *6. Symphonie* von Tschaikowski, der *Pathétique,* die Karajan im April
   1939 mit dem Orchester machte und die von der Deutschen
   Grammophon auf CD als Vol. 5 der Reihe *Die ersten Aufnahmen*
   von Herbert von Karajan neu herausgebracht worden ist.
2 Die Probleme mit Orchestervorständen oder städtischen Behör-
   den, denen Dirigenten ausgesetzt sein können, sind Legion –
   darin liegt der Grund für eine gewisse Instabilität, die die Entwicklung einer fruchtbaren Beziehung erschwert. Obwohl
   Karajan seinen Vertrag auf Lebenszeit mit dem Berliner Philharmonischen Orchester am 24. April 1989 kündigte – laut eigener
   Aussage aus gesundheitlichen Gründen und weil der Berliner
   Senat nicht in der Lage sei, seine Rechte und Pflichten genau zu
   definieren –, sind die Früchte dieses »Bunds fürs Leben« heute
   für jedermann sichtbar.
3 Dezember 1988.
4 Karajan spielte sie 1953 mit dem Philharmonia Orchestra ein.
5 1977 sagte mir Karajan, nur sechs der heutigen Orchestermit-
   glieder hätten schon die Tournee von 1955 mitgemacht.
6 Daniel Stabrawa.
7 Yehudi Menuhin, *Unvollendete Reise.* Übersetzt von Isabella
   Nadolny und Albrecht Roeseler, München 1976, S. 373 f. Me-

nuhin schrieb weiter: »Karajan steht in der Reihe der großen Dirigenten, aber er ist mehr als das: er ist ein Menschenführer.« Menuhin bei Beethoven oder Mozart zu begleiten war für Karajan das gleiche, wie einen großen Sänger zu begleiten. Als sich Menuhin dem Dirigieren zuwandte, arbeitete er mit Karajan zusammen, der seinerseits Menuhin einlud, in Berlin eine Konzertreihe in der Vorweihnachtszeit zu übernehmen.

8 Zwischen 1964 und 1972 machte Karajan in den Ferien mit den Berliner Philharmonikern mehrere Schallplattenaufnahmen in der winzigen protestantischen Kirche in Sankt Moritz. Das Repertoire umfaßte vor allem Bach, Vivaldi und Händel, einige Divertimenti und frühe Symphonien Mozarts, die Symphonie »Die Henne« von Haydn und Rossinis Streichersonaten. Karajan nutzte auch die Gelegenheit, Honeggers 2. *Symphonie*, Strawinskys *Apollon* und Strauss' *Metamorphosen* einzuspielen (Deutsche Grammophon 1969).

9 Nach den *Meistersinger*-Aufnahmen erklärte Karajan: »Mein Berliner Agent sagte einmal zu mir: ›Warten Sie nur, bis Sie vor der Dresdner Staatskapelle stehen. Ihr Klang leuchtet wie altes Gold.‹ Ihre Stadt wurde zum größten Teil zerstört, Sie aber sind ein lebendes Denkmal für die Dresdner Tradition und Kultur.«

10 Jewgeni Mrawinski (1903–1988), Chefdirigent der Leningrader Philharmonie ab 1938.

11 George Szell (1897–1970), amerikanischer Dirigent tschechisch-ungarischer Herkunft, leitete ab 1946 das Cleveland Orchestra.

12 Entworfen von Hans Scharoun, eröffnet im Herbst 1963. Die große Philharmonie faßt annähernd 2200 Zuhörer; die Sitze befinden sich auf schräg abfallenden Plateaus (in etwa den Terrassen eines Weinbergs vergleichbar), diese sind wie in einer Arena um das Podium angeordnet. Karajan hatte in allen vier Konzertsälen des Berliner Philharmonischen Orchesters dirigiert: in der alten Philharmonie, im Titania-Palast, im Konzertsaal der Musikhochschule und in der Neuen Philharmonie.

13 Von Eugen Jochum (1902–1987) sind vor allem seine Bruckner-Interpretationen bekannt, die er zum Teil mit den Berliner Philharmonikern einspielte. Aufgrund seiner Temposchwankungen und seiner Vorliebe für die Nowak-Ausgaben der Bruckner-Symphonien ist er als Bruckner-Interpret einer bestimmten Kategorie zuzuordnen, die von Karajan weit entfernt ist.

4. Kapitel

1 Simon Rattle ist ein weiteres Beispiel für einen Pauker, der Dirigent wurde. Obwohl Rattle bei einer Probe in Berlin zuhörte und Karajans Konzert im Oktober 1988 in London besuchte, scheuten sich anscheinend beide vor einer Kontaktaufnahme. Davon, daß Rattle sich langfristig an ein Orchester gebunden hatte, sprach Karajan mit Anerkennung.

2 Wie ein Dirigent hochbegabte Instrumentalisten fördern kann, wurde am Beispiel der von Karajan protegierten Geigerin Anne-Sophie Mutter deutlich. In einem Interview mit Reinhard Beuth (*Encounter* 70, Mai 1988, S. 71) sagt sie: »Karajan versteht es, die Dinge von außen zu betrachten. Er ist kein Geiger und denkt auch nicht wie ein Geiger; um Fingersatz und Bogenwechsel kümmert er sich gar nicht [...]. Das heißt, er hat von der Phrasierung eine ähnliche Vorstellung wie etwa ein Sänger und nicht wie ein Geiger; man selbst klebt zu sehr an den Noten, ist zu sehr mit technischen Problemen beschäftigt.«

3 Walter Gieseking (1895–1956), deutscher Pianist, berühmt für seine Mozart- und Debussy-Interpretationen. Machte Anfang der fünfziger Jahre mehrere Schallplattenaufnahmen für EMI.

4 Gemeint sind die Ausgaben von Leopold Nowak.

5 Robert Haas (1886–1960), österreichischer Musikforscher und erster Herausgeber einer kritischen Bruckner-Ausgabe. Von 1920 bis 1945 Leiter der Musikabteilung an der Österreichischen Nationalbibliothek in Wien; als sein Nachfolger wurde Leopold Nowak eingesetzt, der auch die Bruckner-Ausgabe weiterführte. Die Entscheidung, Haas seines Amts zu entheben, das er ein Vierteljahrhundert mit Sachkenntnis und Hingabe ausgeübt hatte, war weitgehend politisch bedingt – laut Karajan ein weiteres Beispiel dafür, wie jemandes politische Gesinnung fehlinterpretiert und gegen den Betreffenden verwendet werden konnte.

6 Die berühmte Barockkirche des Augustinerklosters bei Linz. Bruckner wurde in der Nähe von Ansfelden geboren und hatte mit dem Kloster von frühester Kindheit viel zu tun. Sein Sarg wurde unter der großen Orgel der Kirche aufgestellt.

7 Heinrich Glasmeier (geb. 1892), im Ersten Weltkrieg Kavallerieoffizier; Musikliebhaber und Konzertveranstalter, der als

Intendant des Reichsrundfunks während des Zweiten Weltkriegs in Sankt Florian aufwendige Bruckner-Festspiele veranstaltete.

8 Eine für Karajan bezeichnende Ideenverbindung. Als Bergfreund schaffte er noch im Alter von 57 Jahren die 22 Stunden dauernde Besteigung des Montblanc und fuhr anschließend auf Ski in Begleitung von drei Bergführern in 27 Minuten wieder ins Tal hinab.

9 Als Karajan am 5. April 1962 in London mit den Wiener Philharmonikern Bruckners 7. *Symphonie* aufführte, schrieb der Kritiker des *Daily Telegraph*, Donald Mitchell, über den langsamen Satz: »Karajan baute den ganzen Satz kunstgerecht bis zum letzten Höhepunkt auf. Am meisten beeindruckte jedoch nicht das plötzlich durchbrechende strahlende C-Dur, sondern die sensible Behandlung der ruhig ausklingenden Coda; hier offenbarte der Dirigent seine Genialität.«

10 Hans von Bülow (1830–1894), deutscher Pianist und Dirigent. Leitete die Uraufführungen von *Tristan und Isolde* und der *Meistersinger* sowie von Brahms' 4. *Symphonie*. Richard Strauss wurde 1885 Bülows Nachfolger als Hofmusikintendant in Meiningen. Ab 1887 war Bülow Chefdirigent des Berliner Philharmonischen Orchesters.

11 Karajan zitiert aus einem Brief, den Brahms am 20. Januar 1886 an Joseph Joachim in Wien schrieb (*Johannes Brahms im Briefwechsel mit Joseph Joachim*. Hrsg. von Andreas Moser, Berlin 1908, Bd. 2, S. 205). Brahms bezieht sich vor allem auf die Schwierigkeit, bei der Aufführung neuer oder ungewohnter Musik eine starke Ausdruckskraft zu erreichen. Wenn die Musik den Instrumentalisten »in Fleisch und Blut« übergegangen war, dirigierte er mit weniger extremen Tempounterschieden. Das Berliner Philharmonische Orchester hat Brahms' Musik nun seit über hundert Jahren »in Fleisch und Blut« und steht als Brahms-Orchester einzig da.

12 Der letzte bekannte Fall ist Karajans Zeitgenosse Joseph Keilberth (1908–1968), der am 21. Juli 1968 bei einer Aufführung des *Tristan* in München am Pult zusammenbrach.

13 »Mit geschlossenen Augen stellt Karajan das innerlich erschaute Bild aus sich heraus« (Robert Oboussier, *Ein neuer Dirigent*, in: *Deutsche allgemeine Zeitung*, 10. April 1938).

14 Pietro Mascagni (1863–1945), der die frühen Erfolge seiner Opern *Cavalleria rusticana* (1890) und *L'amico Fritz* (1891)

später nie wieder erreichen sollte. – Zu Mascagnis opportunistischer Haltung in den dreißiger Jahren siehe Harvey Sachs, *Music in Fascist Italy*, London 1987, S. 106 ff.

5. Kapitel

1 Simon Parmet (so der Name, unter dem man ihn später kannte; 1897–1969), Dirigent und Autor einer Studie über die Sibelius-Symphonien: *Sibelius symfonier* (Stockholm 1955, London 1959).

2 Glenn Gould (1932–1982), kanadischer Pianist, der sich ab 1964 vom Konzertleben zurückzog, um nur noch für Rundfunk und Schallplatte zu spielen (siehe Glenn Gould, *Eine Diskographie für die einsame Insel,* in: ders., *Vom Konzertsaal zum Tonstudio.* Hrsg. von Tim Page, übersetzt von Hans-Joachim Metzger, München 1987, S. 279; das Buch enthüllt das schriftstellerische Talent des Pianisten).

3 Wahrscheinlich Karajans Berliner Einspielung von 1969. Bei der ersten Einspielung des Werks überhaupt im Herbst 1947 leitete er die Streicher der Wiener Philharmoniker (Columbia LX 1082-5).

4 Paul Sacher (geb. 1906) gründete 1926 das Basler Kammerorchester, für das er Kompositionen in Auftrag gab, so bei Bartók, Hindemith, Honegger, Ibert, Martin, Martinů, Roussel, Strauss, Strawinsky und Tippett. Auch Hans Werner Henzes *Sonata per archi* (1957/58) war ein Auftragswerk für Sacher, bei dem Karajan gleichfalls den ganzen Streicherapparat einzusetzen wünschte. Der Effekt, erinnert sich Henze, war überwältigend. Außerdem beeindruckte ihn, mit welcher Sorgfalt Karajan die Berliner Aufführungen 1959 vorbereitete (siehe *Karajan oder die kontrollierte Ekstase.* Hrsg. von Peter Csobádi, Wien 1988, S. 158 f.).

5 Brief vom 17. Juni 1935 (siehe Richard Strauss, *Eine Welt in Briefen.* Hrsg. von Franz Grasberger, Tutzing 1967, S. 368 f.; vgl. Norman Del Mar, *Richard Strauss*, London 1972, Bd. 3, S. 49).

6 Maria Cebotari (1910–1949) war berühmt für den Schmelz und die Frische ihrer Stimme und ihre Bühnenpräsenz. Sie kreierte die Rolle der Aminta in Strauss' *Schweigsamer Frau.*

Karajan machte einige frühe Plattenaufnahmen mit ihr (Arie aus Johann Strauß' *Zigeunerbaron*, »Es gibt ein Reich« der Ariadne u. a.).

7 Ljuba Welitsch (geb. 1913) sang 1944 die Salome für Strauss. Ein breiteres Publikum gewann sie mit einer berühmt gewordenen Schallplatte, einer Aufnahme der Schlußszene mit Fritz Reiner und dem Orchester der Metropolitan Opera. Ab Anfang der fünfziger Jahre kämpfte sie mit gesundheitlichen und stimmlichen Problemen.

8 Sie wurde jedoch auf Schallplatte aufgenommen und ist inzwischen auf CD erhältlich.

9 Aufgenommen im Dezember 1980 in Berlin. Karajans Blick fürs Detail zeigt sich nicht nur in den dramatischen Höhepunkten und dem langen Epilog, sondern auch in der berühmten »Erscheinung« (»Am Wasserfall«; die Alpenhexe aus Byrons *Manfred*). Viel erstaunlicher noch als die schillernden Klangfarben der Berliner Einspielung ist der Ausdruck des Numinosen, der hier erzielt wird.

10 1972; Einspielung im Februar 1973 in Berlin.

11 Die Deutsche-Grammophon-Kassette wurde zwischen 1972 und 1974 aufgenommen und erschien 1975; sie enthält folgende Werke: Berg: *Drei Orchesterstücke* op. 6, drei Stücke aus der *Lyrischen Suite*; Schönberg: *Verklärte Nacht* op. 4, *Pelleas und Melisande* op. 5, *Variationen für Orchester* op. 31; Webern: *Passacaglia für Orchester* op. 1, *Fünf Sätze für Streichorchester* op. 5, *Sechs Stücke für Orchester* op. 6, *Symphonie* op. 21. Alle Stücke liegen inzwischen auf CD vor.

12 Karajan bezieht sich auf die 7. Variation.

13 Peter Stadlen, der sich als führender Verfechter der Zweiten Wiener Schule einen Namen machte, schrieb am 27. Januar 1975: »Karajans Interpretation von Schönbergs *Variationen für Orchester* op. 31 bewies, daß er die Musiker bei den Aufnahmen nicht aus einer überspannten Vorstellung heraus für jede Variation umgruppierte. Das Werk gewinnt dabei beträchtlich an Plausibilität, nicht nur aufgrund der beispiellosen Klarheit, sondern auch durch die schöpferisch hörbar gemachte akustische Logik.«

14 In seinem Werbetext drückte er es noch deutlicher aus: »In unseren zahlreichen Proben habe ich immer wieder darauf hingewiesen: ›Meine Herren, eine Dissonanz ist eine Spannung und eine

Konsonanz demnach die zugehörige Entspannung. Doch keins von beiden kann häßlich sein, weil es dann nämlich nichts mehr mit Musik zu tun hätte.‹ Ich denke an den Unsinn, den man dauernd hört – ich wolle alle Ecken und Kanten glätten. Man kann aber nur dort glätten, wo eine Note unprofessionell gespielt wird, das heißt, wenn sie unsauber ist, wenn sie schlampig und unschön ausgeführt wird. Während unserer Zusammenarbeit haben wir oft stundenlang an der Intonation geübt. Auch die Spannung sollte etwas Schönes sein. Der musikalische Gehalt muß rein und klar zutage treten. Webern ist ein Beispiel dafür. Oft wird behauptet, er sei sehr kalt gewesen. Aber ich habe ihn häufig dirigieren sehen, und ich fand ihn gar nicht so kalt, im Gegenteil: sein Einsatz war enorm. Doch eins sollte vielleicht noch erwähnt werden: In späteren Jahren wurde er viel abstrakter und introvertierter. Die *Passacaglia* – sein Opus 1, ebenfalls in dieser Kassette enthalten – ist ein sehr leidenschaftliches Stück, und ich sehe keinen Grund dafür, es dann nicht als solches aufzuführen. Die Werke erscheinen in der Reihenfolge ihrer Entstehung. Am Anfang steht Webern mit der *Passacaglia*, den Schluß macht ebenfalls Webern, und zwar mit der *Symphonie*. Was für ein Unterschied! Zu Weberns *Symphonie* habe ich im Lauf der Proben Zugang gefunden. Ich muß zugeben, daß ich sie erst jetzt richtig verstehe. Es handelt sich um Musik, die keine Entwicklung, sondern einen Zustand darstellt, ja einen konstanten Zustand. Ich kann gar nicht sagen, wie sehr mich dieses Werk fasziniert.«

15 In einem Brief Mozarts vom 26. September 1781 an seinen Vater heißt es »– weil aber die leidenschaften, heftig oder nicht, niemal bis zum Eckel ausgedrücket seyn müssen [...]«

16 1969 in Berlin für die Deutsche Grammophon, nach einer sehr erfolgreichen EMI-Einspielung mit den Berliner Philharmonikern 1960 und einer noch früheren mit dem Philharmonia Orchestra, 1949 ebenfalls für EMI.

17 George Balanchine (1904–1983) studierte Tanz an der kaiserlichen Ballettschule in Petersburg und verließ 1924 Rußland, um sich Diaghilews Ballets Russes anzuschließen. Choreographierte Strawinskys *Apollon musagète*, Paris 1928. Künstlerischer Direktor des New York City Ballet seit 1948.

18 Vielleicht die *Varii Capricci* von 1976; in diesem Jahr lehnte es Karajan ab, ein Auftragswerk des Greater London Council auf-

zuführen, *Adagio ed Allegro Festivo*. Waltons Bewunderung für Karajan, der in den fünfziger Jahren sowohl die 1. *Symphonie* als auch *Belshazzar's Feast* dirigiert hatte, schlug in Verbitterung um (»er ist der letzte Dreckskerl«), als Karajan seine Werke kaum mehr aufführte (siehe Michael Kennedy, *Portrait of Walton*, Oxford 1989, S. 263).

6. Kapitel

1 Günter Hermanns, Karajans Toningenieur bei der Deutschen Grammophon seit Anfang der sechziger Jahre.

2 Michel Glotz, Karajans Aufnahmeleiter seit 1965. Zuvor hatte Glotz für Sir Thomas Beecham und Maria Callas gearbeitet.

3 Am 15. Oktober 1988.

4 Strauss' *Don Quixote* mit Rostropowitsch und einige Opern.

5 Elias Canetti, *Masse und Macht*, Hamburg 1960, S. 455.

6 Dimitri Mitropoulos (1896–1960), griechischer Dirigent, Pianist und Komponist. Einer der charismatischsten Dirigenten des Jahrhunderts; dirigierte in den Proben auswendig – sogar zeitgenössische Musik. Hatte großen Einfluß auf Leonard Bernstein. Regelmäßige Teilnahme an den Salzburger Festspielen der Nachkriegszeit.

7 »Walkürenritt«. Daß Karajan die Musik nicht sofort erkannte, ist ein Indiz für Coppolas Regiekunst.

8 Karajan verwandte viel Zeit und Geld darauf. Die Tonspur bleibt unverändert, doch eine Sequenz wird neu gedreht, damit die Beleuchtung verbessert werden kann, etwa im Violinsolo des »Benedictus« von Beethovens *Missa solemnis*, oder damit der Solist, zum Beispiel der Tubaspieler in Strauss' *Don Quixote*, eine etwas gesündere Gesichtsfarbe bekommt.

9 *Má vlast*, Nr. 2, »Vltava«.

10 Regie von Joseph Losey, 1979.

11 Ebensowenig »Übertitel« (Laufschrift) im Theater. Karajan, der beteuerte, noch nie davon gehört zu haben, wollte meinen Ausführungen keinen Glauben schenken.

12 Arthur Nikisch (1855–1922), von 1895 bis 1922 Chefdirigent des Berliner Philharmonischen Orchesters. Debütierte 1879 in Leipzig, war einer der größten Dirigenten seiner Zeit. Tschaikowski beschrieb ihn als »wunderbar ruhig, jede überflüssige

Bewegung vermeidend, dabei aber gebieterisch, energisch und voll Selbstbeherrschung. Er wirkt eher wie ein Zauberer vor dem Orchester; man bemerkt ihn kaum« (Pjotr Iljitsch Tschaikowski, *Erinnerungen und Musikkritiken*. Hrsg. von Richard Petzoldt und Lothar Fahlbusch. Übersetzt von Lothar Fahlbusch, Urte Petzoldt und Heinrich Stümcke, Wiesbaden 1974, S. 60). Sein Einfluß auf so unterschiedliche Dirigenten wie Wilhelm Furtwängler und Sir Adrian Boult war beträchtlich.

7. Kapitel

1 5. Dezember 1988. Karajan spielt auf die Unruhen in Aserbaidschan an.
2 Berlin, 4. Dezember 1988.

Karajan und Oxford

1 Abdruck mit freundlicher Genehmigung von John Griffith und der Universität Oxford.
2 Terenz, *Der Selbstquäler*, in: ders., *Die Komödien*. Übersetzt von Viktor von Marnitz, Stuttgart 1960, S. 63 (Vers 77).
3 Dietrich Fischer-Dieskau, dem ebenfalls die Doktorwürde verliehen wurde.

Karajans Opernproduktionen

1. Karajan in Zusammenarbeit mit Theater- oder Filmregisseuren (Auswahl)

1938   Staatsoper, Berlin: Mozart, *Die Zauberflöte* (Regie: Gustaf Gründgens).

1941   Stadttheater, Aachen: Verdi, *Falstaff* (Regie: Walter Felsenstein).

1948   Salzburger Festspiele, Felsenreitschule: Gluck, *Orfeo ed Euridice* (Regie: Oscar Fritz Schuh).

1951   Bayreuther Festspiele: Wagner, *Die Meistersinger von Nürnberg* (Regie: Rudolf Hartmann).

1952   Bayreuther Festspiele: Wagner, *Tristan und Isolde* (Regie: Wieland Wagner).

1958   Salzburger Festspiele, Felsenreitschule: Verdi, *Don Carlos* (Regie: Gustaf Gründgens).

1960   Salzburger Festspiele, Großes Festspielhaus: Strauss, *Der Rosenkavalier* (Regie: Rudolf Hartmann).

1963   Scala, Mailand: Puccini, *La Bohème* (Regie: Franco Zeffirelli).

1964   Scala, Mailand: Verdi, *La Traviata* (Regie: Franco Zeffirelli).

1972   Salzburger Festspiele, Großes Festspielhaus: Mozart, *Le nozze di Figaro* (Regie: Jean-Pierre Ponnelle).

1973   Salzburger Festspiele, Großes Festspielhaus: Mozart, *Die Zauberflöte* (Regie: Giorgio Strehler).

1987   Salzburger Festspiele, Großes Festspielhaus: Mozart, *Don Giovanni* (Regie: Michael Hampe).

2. Sämtliche Opernproduktionen unter der Regie und der musikalischen Leitung Karajans

1940–1966

1940 Stadttheater, Aachen: Wagner, *Die Meistersinger von Nürnberg* (Bühnenbild und Kostüme: Fritz Riedl).

1941 Stadttheater, Aachen: Strauss, *Der Rosenkavalier* (Bühnenbild und Kostüme: Fritz Riedl).

1950 Scala, Mailand: Wagner, *Tannhäuser* (Bühnenbild und Kostüme: Emil Preetorius).

1951 Scala, Mailand: Mozart, *Don Giovanni* (Bühnenbild und Kostüme: Wilhelm Reinking).

1952 Scala, Mailand: Beethoven, *Fidelio* (Bühnenbild und Kostüme: Emil Preetorius).

1952 Scala, Mailand: Strauss, *Der Rosenkavalier* (Bühnenbild und Kostüme: Robert Kautsky).

1953 Scala, Mailand: Wagner, *Lohengrin* (Bühnenbild und Kostüme: Emil Preetorius).

1953 Scala, Mailand: Orff, *Trionfi (Carmina Burana; Catulli carmina; Trionfo di Afrodite)* (Bühnenbild und Kostüme: Josef Fenneker).

1954 Scala, Mailand: Donizetti, *Lucia di Lammermoor* (Bühnenbild: Gianni Ratto, Kostüme: Ebe Colciaghi; auch an der Wiener Staatsoper und der Städtischen Oper Berlin, 1955).

1954 Scala, Mailand: Mozart, *Le nozze di Figaro* (Bühnenbild und Kostüme: Wilhelm Reinking).

1955 Scala, Mailand: Bizet, *Carmen* (Bühnenbild und Kostüme: Ita Maximowna).

1955 Scala, Mailand: Mozart, *Die Zauberflöte* (Bühnenbild und Kostüme: Emil Preetorius).

1956 Scala, Mailand: Strauss, *Salome* (Bühnenbild und Kostüme: Ita Maximowna).

1957 Scala, Mailand: Verdi, *Falstaff* (Bühnenbild und Kostüme: G. Bartolini-Salimbeni; auch an der Wiener Staatsoper und zu den Salzburger Festspielen 1957).

1957 Staatsoper, Wien: Wagner, *Die Walküre* (Bühnenbild und Kostüme: Emil Preetorius).

1957 Staatsoper, Wien: Verdi, *Otello* (Bühnenbild: Wilhelm Reinking, Kostüme: Georges Wakhevitch).

1957   Salzburger Festspiele, Felsenreitschule: Beethoven, *Fidelio* (Bühnenbild und Kostüme: Helmut Jürgens).

1957   Staatsoper, Wien: Wagner, *Siegfried* (Bühnenbild und Kostüme: Emil Preetorius).

1958   Staatsoper, Wien: Wagner, *Das Rheingold* (Bühnenbild und Kostüme: Emil Preetorius).

1959   Staatsoper, Wien: Wagner, *Tristan und Isolde* (Bühnenbild und Kostüme: Emil Preetorius).

1960   Staatsoper, Wien: Wagner, *Götterdämmerung* (Bühnenbild und Kostüme: Emil Preetorius).

1961   Staatsoper, Wien: Wagner, *Parsifal* (Bühnenbild und Kostüme: Heinrich Wendel).

1962   Staatsoper, Wien: Debussy, *Pelléas et Mélisande* (Bühnenbild: Günther Schneider-Siemssen, Kostüme: Charlotte Flemming).

1962   Salzburger Festspiele, Großes Festspielhaus: Verdi, *Il trovatore* (Bühnenbild: Teo Otto, Kostüme: Georges Wakhevitch; auch an der Wiener Staatsoper 1963; in überarbeiteter Fassung zu den Salzburger Osterfestspielen 1977 und an der Wiener Staatsoper 1977).

1963   Staatsoper, Wien: Wagner, *Tannhäuser* (Bühnenbild und Kostüme: Heinrich Wendel).

1964   Staatsoper, Wien: Strauss, *Die Frau ohne Schatten* (Bühnenbild: Günther Schneider-Siemssen, Kostüme: Ronny Reiter).

1964   Salzburger Festspiele, Großes Festspielhaus: Strauss, *Elektra* (Bühnenbild und Kostüme: Teo Otto).

1965   Salzburger Festspiele, Großes Festspielhaus: Mussorgski, *Boris Godunow* (Bühnenbild: Günther Schneider-Siemssen, Kostüme: Ronny Reiter).

1966   Salzburger Festspiele, Großes Festspielhaus: Bizet, *Carmen* (Bühnenbild: Teo Otto, Kostüme: Georges Wakhevitch).

*Ab 1967 fanden alle Premieren von Karajans Opernproduktionen
im Rahmen der Salzburger Oster- und Sommerfestspiele im Großen
Festspielhaus statt; Bühnenbild jeweils von Günther Schneider-
Siemssen, Kostüme von Georges Wakhevitch
(Assistenz zum Teil: Magda Gstrein).*

1967	Wagner, *Die Walküre*
1968	Wagner, *Das Rheingold*
1968	Mozart, *Don Giovanni*
1969	Wagner, *Siegfried*
1970	Wagner, *Götterdämmerung*
1970	Verdi, *Otello*
1971	Beethoven, *Fidelio*
1972	Wagner, *Tristan und Isolde*
1974	Wagner, *Die Meistersinger von Nürnberg*
1975	Verdi, *Don Carlos*
1976	Wagner, *Lohengrin*
1977	Strauss, *Salome*
1979	Verdi, *Aida*
1980	Wagner, *Parsifal*
1981	Verdi, *Falstaff*
1982	Wagner, *Der fliegende Holländer*
1985	Bizet, *Carmen*
1988	Puccini, *Tosca*

Bühnenbild von Günther Schneider-Siemssen für Wagners Fliegenden Holländer *für die Salzburger Osterfestspiele 1982.*

Literatur

Da man einen Musiker am besten nach seiner Musikausübung beurteilt, ist das nützlichste Buch über Herbert von Karajan die Diskographie *From Adam to Webern: The Recordings of Herbert von Karajan*. Hrsg. von John Hunt, London 1987.

Das Literaturverzeichnis enthält in chronologischer Reihenfolge vorwiegend Titel, deren Originale in englischer Sprache erschienen sind.

Biographien

Bernard Gavoty, *Herbert von Karajan*. Übersetzt von Arnold Heinz Eichmann, Genf 1956.

Ernst Haeusserman, *Herbert von Karajan*, Gütersloh 1968, Wien 1978.

Paul Robinson, *Herbert von Karajan*. Übersetzt von Sylvia Hofheinz, Zürich 1981.

Roger Vaughan, *Herbert von Karajan: Ein biographisches Porträt*. Übersetzt von Hans-Ulrich Seebohm, Frankfurt a. M. 1986.

Franz Endler, *Herbert von Karajan: Mein Lebensbericht*, Wien 1988.

Studien, Aufsätze und Interviews

Kurt Blaukopf, *Herbert von Karajan*, in: *Große Dirigenten*, Teufen 1953.

Joseph Wechsberg, *The First Karajan Year in Vienna*, in: *Opera Annual* 4, London 1957, S. 127.

Neville Cardus, *Olympic Heights*, in: *The Guardian*, 17. April 1961.

Neville Cardus, *No Conceit: Karajan and the Vienna Philharmonic*, in: *The Guardian*, 5. April 1962.

William Mann, *Was die Mauer frech geteilt*, in: *Gramophone* 40, 1962, S. 283.

Herbert Prendergast, *Saturday Review*, New York, 26. Oktober 1963.

H. C. Robbins Landon, *Portrait of the Conductor as Celebrity*, in: *Gramophone* 41, 1963, S. 409.

Martin Mayer, *Maestro Karajan is Always Turned On*, in: *New York Times Magazine*, 3. Dezember 1967.

Josef Kaut, *Festspiele in Salzburg*, Salzburg 1969.

Alan Blyth, *Herbert von Karajan*, in: *Gramophone* 49, 1971, S. 802.

Lanfranco Rasponi, *The Last Prima Donnas*, New York 1975, London 1984.

Yehudi Menuhin, *Unvollendete Reise*. Übersetzt von Isabella Nadolny und Albrecht Roeseler, München 1976.

James Galway, *An Autobiography*, London 1978.

Orchestra. Hrsg. von André Previn, London 1979.

John Culshaw, *Putting the Record Straight*, London 1981.

Robert Layton, *Karajan's Sibelius*, in: *Gramophone* 59, 1981, S. 523.

Walter Legge, *Gehörtes, Ungehörtes*. Hrsg. von Elisabeth Schwarzkopf, übersetzt von Joachim Köhler, München 1982.

Helena Matheopoulos, *Maestro: Encounters with Conductors of Today*, London 1982, S. 212–277.

John Holmes, *Conductors on Record*, London 1982; 1988 ebd. unter dem Titel: *Conductors*.

Stephen J. Pettitt, *Philharmonia Orchestra: A Record of Achievement 1945–85*, London 1985.

Glenn Gould, *Von Bach bis Boulez*. Hrsg. von Tim Page, übersetzt von Hans-Joachim Metzger, München 1986.

Glenn Gould, *Vom Konzertsaal zum Tonstudio*. Hrsg. von Tim Page, übersetzt von Hans-Joachim Metzger, München 1987.

Stephen Gallup, *A History of the Salzburg Festival*, London 1987.

Peter Conrad, *A Song of Love and Death: The Meaning of Opera*, London 1987, S. 308–317.

Joseph Horowitz, *Understanding Toscanini*, London 1987.

Neville Cardus, *Cardus on Music*. Hrsg. von Donald Wright, London 1988, S. 303–318.

Karajan oder die kontrollierte Ekstase. Hrsg. von Peter Csobádi, Wien 1988.

Wo Sprache aufhört. Hrsg. von Heinz Götze und Walther Simon, Heidelberg 1988.

Berliner Philharmonisches Orchester

Wolfgang Stresemann, *Philharmonie und Philharmoniker*, Berlin 1977.

Peter Muck, *Einhundert Jahre Berliner Philharmonisches Orchester*, 3 Bde., Berlin 1982.

Gisela Tamsen, *The Berlin Philharmonic Orchestra.* Hrsg. von der (englischen) Wilhelm Furtwängler Society.

Werner Thärichen, *Paukenschläge: Furtwängler oder Karajan?*, Zürich 1987.

Bildbände

Christian Steiner, *Opera People*, London 1982, S. 87–89, 111.

Herbert von Karajan: Inszenierungen. Hrsg. von Gisela Prossnitz u. a., Wien 1983.

Herbert von Karajan: Der große Bildband. Hrsg. von Pali Marcovicz, Braunschweig 1984.

Verzeichnis der Abbildungen

Bildnachweis: Siegfried Lauterwasser, Überlingen: S. 59, 68, 81,
89, 105, 109, 119, 127, 143, 163, 171, 207
Photo Ellinger, Salzburg: S. 101
Reinhard Friedrich, Berlin: S. 149
Gamma/Kurita, Paris: S. 79
Roger Hauert, Genf: Frontispiz: S. 107
Godfrey MacDomnic, London: S. 86, 135
E. Piccagliani, Mailand: S. 95, 97
Photo Schaffler, Salzburg: S. 169
Arthur F. Umboh, Hamburg: S. 157

Personen- und Werkregister

Das weltweit einzigartige Nachschlagewerk über Oper, Operette, Musical und Ballett

Pipers Enzyklopädie des Musiktheaters

Oper – Operette – Musical – Ballett
Herausgegeben von Carl Dahlhaus und dem Forschungsinstitut für Musiktheater der Universität Bayreuth unter der Leitung von Sieghart Döhring

Der Aufbau des Gesamtwerks:
Ein Werkteil (Band 1–5) mit ca. 3000 Werken, ein Registerband (mit Nachträgen zum Werkteil; Band 6) und ein Sachteil (Band 7–8) mit allen themenbezogenen Begriffsdarstellungen.
Jeder Band mit ca. 800 Seiten, zweispaltig, mit insgesamt ca. 1300 Abbildungen, davon ca. 200 in Farbe. Lexikonformat, Cabraleder. Erscheinungsweise jährlich.

Band 1
Werke Abbatini – Donizetti

Band 2
Werke Donizetti bis Henze

Band 3
Werke Henze – Massine

»Liebhaber werden gerne darin lesen, Wissenschaftler brauchen es einfach.«
Hans Joachim Kreutzer, FAZ

»Ein langersehnter Wunsch aller Musikinteressierten, der nun endlich seine Erfüllung gefunden hat.«
Herbert von Karajan

»Wir ›vom Bau‹ begrüßen diese Enzyklopädie besonders. Die Herausgeberschaft durch Carl Dahlhaus und das Forschungsinstitut für Musiktheater bürgt für die adäquate Vorbereitung und Qualität.«
August Everding

Ausführliches Informationsmaterial und die Subskriptionsbedingungen erhalten Sie in Ihrer Buchhandlung oder beim Verlag:
Piper Verlag, Georgenstraße 4, 8000 München 40

Piper 30/3aa

PIPER